中国人要知道的中国事儿

理论卷

辛春 编著

华夏出版社

图书在版编目（CIP）数据

中国人要知道的中国事儿·理论卷 / 辛春编著. —北京：华夏出版社，2013.10
ISBN 978-7-5080-7774-1

Ⅰ.①中… Ⅱ.①辛… Ⅲ.①中华文化－青年读物 ②中华文化－少年读物 ③中国历史－青年读物 ④中国历史－少年读物 Ⅳ.①K203-49 ②K209

中国版本图书馆CIP数据核字（2013）第183249号

中国人要知道的中国事儿·理论卷

作　　者：	辛　春
责任编辑：	刘晓冰
封面设计：	锋尚设计

出版发行	华夏出版社
经　　销	新华书店
印 装 厂	北京汇林印务有限公司
版　　次	2013年10月第1版　2013年10月第1次印刷
开　　本	720×1000　1/16
印　　张	14
字　　数	222千字
定　　价	29.80元

华夏出版社　网址：www.hxph.com.cn　地址：北京东直门外香河园北里4号　邮编：100028
若发现本版图书有印装质量问题，请与我社营销中心联系调换。　电话：(010) 64663331（转）

目录 CONTENTS

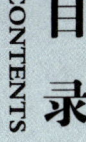

1/ 争奇斗艳的百家争鸣
5/ 孔子的"仁"与"礼"
9/ 老子和《道德经》
13/ 墨子的"兼爱"与"非攻"
17/ 孟子光大儒学
21/ 惠施的"历物十事"
25/ 荀子的"人定胜天"思想
28/ 庄子的"无为"哲学

32/ 韩非之法、术、势
35/ 邹衍的"五德终始说"
38/ 佛教的产生和传入
42/ 王充的唯物论
46/ 原始道教的形成
50/ 何晏与王弼开创玄学
54/ 魏晋的言意之辩
57/ "小仙翁"葛洪和他的神仙理论
61/ 虎溪三笑

64/ 慧远的《沙门不敬王者论》
68/ 范缜和《神灭论》
72/ 刘峻与《辨命论》
76/ 智者大师开创天台宗
80/ 胡灵太后崇佛误国
84/ 杨炫之与《洛阳伽蓝记》
88/ 北周武帝的灭佛行动
92/ 吉藏与三论宗
96/ 大才子吕才的"异端"思想
100/ 唐三藏西天取经
104/ 唐代的三教论衡

108/ 法藏光大华严宗
113/ 六祖慧能兴禅学
117/ 韩愈和《谏迎佛骨表》
121/ 李翱的复性学说
125/ 唐朝帝王的"本朝家教"
129/ 花间词派与南唐词派
133/ 契丹人的崇佛之路
136/ 王重阳和全真教
140/ 朱子理学

144/ 元世祖忽必烈以儒治国
148/ 八思巴和藏传佛教
152/ 明朝文坛复古风
156/ 王守仁的"阳明心学"
160/ 狂人李贽的反封建学说
164/ 黄宗羲和《明夷待访录》
168/ 顾炎武的明道救世思想
172/ 王夫之的朴素唯物主义思想
176/ 诗坛盟主王士禛与"神韵说"
180/ 江南大儒陆世仪的实学思想
184/ 唐甄的惊世"怪论"

188/ 戴震弘扬新学说
192/ 桐城方苞倡"义法"
196/ 袁枚力倡"性灵说"
200/ 华人牧师梁发和他的《劝世良言》
204/ 近代诗界革命
208/ 王国维与《红楼梦评论》
212/ 鸳鸯蝴蝶派的兴衰
216/ 胡适倡导文学改良

華夏

争奇斗艳的百家争鸣

公元前800年至公元前200年间，尤其是公元前600年至公元前300年间，是人类文明实现重大突破的时代，古希腊有苏格拉底、柏拉图、亚里士多德，以色列有犹太教的先知们，古印度有释迦牟尼，而在当时春秋战国时期的中国，则有孔子、老子等诸子百家，他们提出的思想理论塑造了不同的文化传统，对人类生活的影响也一直延续至今。

春秋战国时期，社会正处于大动荡、大变革时期，思想文化空前活跃，产生了儒、道、法、墨等诸多思想流派，大师们著书讲学，互相论战，出现了学术上盛况空前的繁荣景象，史称"百家争鸣"。

这一时期，诸侯争霸，群雄并起，社会结构急剧变化，社会矛盾异常尖锐，兼并战争接连不断。在这种激烈竞争的环境中，各国统治者为了免于被他国攻占，也为了实现自己雄霸天下的野心，纷纷积极倡导改革，以求富国强兵。而要改革，人才是必不可少的首要条件。于是，各国统治者除了在政治、经济、军事等方面加强自己的实力外，纷纷礼贤下士，招揽人才。一时间，社会上尊贤礼士的"养士"之风蔚然盛行。

"士"是春秋以来发展壮大起来的知识分子群体。当时，以养"士"著称的"战国四公子"，即齐国的孟尝君、魏国的信陵君、赵国的平原君、楚国的春申君，他们养"士"多达几千人。战国后期秦国的吕不韦，也有"食客三千"，这些食客很多都是有一技之长的人。他们中的许多优秀人物受到重用，甚至出将入相。如在秦国执政约二十年，推行了变法，为秦国统一六国奠定坚实基础的秦相商鞅，与孙武连称"孙吴"、著有《吴子》（与《孙子》合称《孙吴兵法》）的著名军事家吴起等，都是"士"中的杰出代表。这一时期，"士"的学术活动也受到鼓励和资助。

时代的需要，宽松的学术氛围，共同孕育了诸子百家相互争鸣的辉煌局面。他们著书立说，广收门徒，讨论的题材之广、研究的程度之深以及对后世的影响之大，都是空前绝后的。这些学者和思想家由于出身于不同的社会阶级和阶层，都企图按照各自阶级、阶层的利益和要求，对宇宙、社会、万事万物作出解释或提出主张，因此他们的观点和主张往往千差万别。其中最有代表性的学派有儒家、墨家、道家、法家以及阴阳家、纵横家、名家、农家，杂家、兵家等。

儒家学说是中国古代最有影响力的学说。儒家崇尚"礼乐"和"仁义"，提倡"中庸"之道，主张"德治"和"仁政"，是重视道德伦理教育和人的自身修养的一个学术派别。它的创始人是春秋末期的孔子，其主要学说是"礼"、"仁"和"天命论"。战国时期，孟子和荀子进一步发扬了孔子的学说。孟子主张性善论，提出了"仁政"、"民贵君轻"的著名思想。而荀子则提出"礼法并重"、"人定胜天"等光辉思想。与孟子不同，荀子是主张"性恶说"的。在我国古代史上，儒家思想几经演变，受到汉武帝以来历代统治者的高度重视，最终发展成为我国封建制度的思想支柱。

墨家也是一个影响深远、极有特色的学派。墨家的创始人是春秋末期、战国初期的墨子，以"兼相爱，交相利"（爱是相互的，利也是相互的，义利的关系应是对立的统一）作为学说的基础，代表社会底层小生产者的愿望和利益。他主张"兼爱"、"非攻"，希望用和平方式统一中国。他还反对世卿世禄制度，反对儒家的"厚葬"，主张"尚贤"、"节葬"、"节用"等。因为墨子的思想在很多地方都直接针对儒家学说，两派一直互相攻击。当儒家成为正统后，墨家思想就被视为异端，遭到封杀。

道家又称"道德家"，代表人物有老子、庄子等。老子认为天道无为，万物自

战国时期的错金银云纹车饰

2

然化生，否认鬼神主宰一切，主张道法自然，提出了"无为而治"、"小国寡民"的政治理想。战国时期的庄子继承和发展了老子的思想。他认为"仁义礼智信"破坏了人类的自然状态，是万恶之源，在政治上主张避世。老子以后，道家内部分化为不同派别，著名的有四大派：庄子学派、杨朱学派、宋尹学派和黄老学派。

法家思想也是当时的显学（指与现实联系密切、引起社会广泛关注，或者在思想学术界占统治地位的学说）之一，具有十分鲜明的特色。因为主张以法治国，主张"不别亲疏，不殊贵贱，一断于法"，即不分亲疏，不分贵贱，一切用法律来判断，故称为法家。法家前期的代表人物有李悝（kuī）、商鞅和申不害。他们都主张社会是发展变化的，并且亲自领导了所在国的改革。后期法家的代表人物是战国时的韩非，他集法家之大成，把法、术、势结合在一起，为当权者加强统治提供了有效的武器。在秦王朝统一六国的过程中，韩非的思想起到了重要推动作用。

明代张路所绘的《老子骑牛图》

阴阳家因提倡阴阳五行学说，并用它解释社会和人事而得名。这一学派起源于上古时期统治阶层中执掌天文历数的官员，代表人物是战国时的齐国人邹衍。邹衍不仅了解天文、历法、地理，还把五行说推衍到历史发展方面来，认为历史发展是受一定的发展规律支配的。即使是现代，信仰和研究阴阳学的专家学者也数量众多。

战国时期，南与北合为纵，西与东连为横，有一些专门从事政治、外交

活动，以纵横捭阖之策游说诸侯的谋士，他们被称为纵横家。其主要代表人物是苏秦、张仪等。苏秦力主燕、赵、韩、魏、齐、楚合纵以拒秦，张仪则力主破坏合纵，连横六国分别事秦。他们的活动对于战国时政治、军事格局的变化有着重要的影响，是不折不扣的政治家。

名家，一开始的时候被称为辩者、察士、辩士，后来被称为"名家"，主要是分析和研究"名"、"实"问题，即概念的同异关系，相当于今天的逻辑学。战国时期的名辩思潮影响很广，名家就是这一思潮的产物。名家的代表人物是战国中期的惠施和战国后期的公孙龙。他们不仅对逻辑学的发展有重大贡献，在自然科学上也取得了不小的成就。

另外，还有以孙武、吴起、孙膑为代表的兵家，他们总结战争经验和规律，写出的《孙子兵法》、《孙膑兵法》在当今社会也影响很大，享誉国内外；以吕不韦为代表的杂家，兼收并蓄，使诸子百家逐渐融合；以许行为代表的农家，认为农业是衣食之本，应放在一切行业的首位，主张君民并耕，反对不劳而获的剥削制度；等等。

"百家争鸣"是中国历史上的第一个思想解放运动，其丰富灿烂的文化成果奠定了中国整个封建时代文化的基础，对当时和后来社会历史的发展，起到了巨大的推动作用。其后两千多年，无论是在文化还是思想方面，都不曾超越那时的辉煌。

孔子的"仁"与"礼"

孔子（公元前551年—前479年），名丘，字仲尼，是东周时期的鲁国人，春秋末期的思想家和教育家，儒家思想的创始人。他集华夏上古文化之大成，是当时社会上最博学的学者之一，在世时就被世人誉为"天纵之圣"、"天之木铎（duó）"、"千古圣人"，后世的统治者们将其尊为"孔圣人"、"至圣先师，万世师表"。

虽然是一个文化人，但孔子身高九尺六寸，换算过来有一米九以上，远远高于一般人，而且臂力过人、豪爽善饮，远非后世认为的文弱书生形象。这一点主要遗传自他的父亲叔梁纥（hé）。叔梁纥是鲁国出名的勇士，人品出众，博学多才，曾因单臂托住悬门让冲进城池的部队撤出而闻名。叔梁纥先娶妻施氏，一连生了九个女儿都没有儿子，后来虽有小妾所生之子孟皮，但孟皮有脚疾，依礼不能做继承人，于是已经六十多岁的叔梁纥又娶了一位十七八岁的小妻子颜氏，七十岁时才盼来一生的孔子。这就是颜氏所来的儿子，叔梁纥对好不容易得爱，但好景不长，是十二万分的宠候，叔梁纥就因病孔子刚刚三岁的时于叔梁纥的正室施候去世。因为不见容年幼的孔子移居曲于叔梁纥的正室施阜阙里，母子二人氏，颜氏只好带着艰难度日。虽然生活困苦，但孔子从小就十分聪明好学，年纪轻轻就因学识渊博而受人赞

南宋马远所绘的《孔子像》

5

誉，让母亲很是欣慰。孔子十七岁时，操劳成疾的颜氏也因病去世。三年服丧期后，孔子娶了宋国人亓（qí）官氏为妻，第二年就有了一子孔鲤。相传鲁昭公曾为此派人送鲤鱼表示祝贺，孔子觉得非常荣幸，就给自己的儿子取名为鲤，字伯鱼。之后，孔子开始入仕为官，虽然做的都是委吏（古代管理粮仓的小官）、乘田（春秋时鲁国设置的官职，为掌管畜牧工作的小官）这种不起眼的小官，但他也做得认认真真，极为出色，并很快因出众的能力和学识而得到提拔。

到三十岁时，孔子在鲁国已经非常有名气，当时齐景公出访鲁国，还特意召见了孔子，与他讨论秦穆公何以称霸的问题。五年后，鲁国发生内乱，孔子离开鲁国到了齐国，受到齐景公的赏识和厚待。一年后，为了防止孔子侵犯自身利益，一些齐国的大夫准备加害孔子。孔子听说后向齐景公求救，但事先已受挑唆的齐景公以"吾老矣，弗能用也"（我已经老了，不能再起作用了）的名义袖手旁观。无奈之下，孔子只得仓皇逃回鲁国。

清代焦秉贞所绘的《孔子圣迹图》。描绘了孔子周游列国、游说诸王的场景

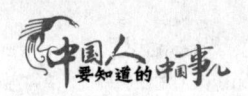

当时的鲁国，政权实际掌握在大夫的家臣手中，因此孔子回到鲁国后，一直以教书育人为主，没有从政。直到五十岁时，才被鲁定公任命为中都宰（中都即今山东省汶上县一带，宰相当于现在的县官）。他治理中都一年，政绩非常显著，很快被一路提拔为司空、大司寇并代理宰相。孔子在鲁国任职期间，严肃法纪，诛杀奸佞，使鲁国的内政外交均大有起色，国力大增，当时强大的齐国都对孔子的能力大为忌惮。孔子担任代理宰相三个月后，齐国送了八十名美女到鲁国，鲁定公和执政大臣季桓子开始迷恋女色歌舞，不理朝政，并在别有居心之人的教唆下开始疏远孔子，不想再任用他。失望之下，孔子不得不离开鲁国，去外国寻求出路，开始了周游列国的旅程，当时孔子已经五十五岁。

孔子带弟子先后到了卫、曹、宋、郑、陈等国，积极宣传自己的治国理念和政治理想，途中历尽艰辛，甚至多次命悬一线，却始终没有实现自己的抱负。直到六十八岁时，孔子才在弟子冉求的努力下，被迎回鲁国，但仍被敬而不用。虽然屡次碰壁，但孔子并没有知难而退，反而始终乐观如一地坚持自己的理想。

孔子的政治思想的核心是"仁"与"礼"，他所主张的治国方略也叫"德治"或"礼治"，即主张用道德和礼教来治理国家。"礼"的意义在古代甚为广泛，既指国际间交际的礼节仪式，贵族的冠、婚、丧、祭等典礼，还包括政治制度、道德规范等。孔子极力主张礼治，反对法治，认为只有周礼才是千秋不变的规范，应该根据周礼来处理事务、解决矛盾，并把恢复周礼看作自己的历史使命。因此，他听说晋国新铸了用于刑罚的刑鼎后，就尖锐地反对说："晋国一定是马上就要灭亡了，因为他们做得太过分了！"

他主张"克己复礼"，认为人要懂得克制自己，做到"非礼勿视，非礼勿听，非礼勿言，非礼勿动"，使自己做的每一件事都符合礼的要求，并说："克己复礼为仁。一日克己复礼，天下归仁焉。"他主张"君君，臣臣，父父，子子"，认为当君主的要做君主该做的事情，像个君的样子；当臣子的要尽到臣子的责任，像个臣的样子；当父亲的要有父辈的样子，给晚辈做个好榜样；当儿子的要尽到晚辈的责任，做个好儿子。在诸侯争霸、天下大乱的历史条件下，孔子之所以周游列国却不被重用，与他所主张的这种

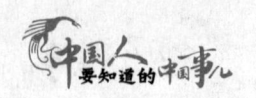

治国理念有很大关系。

由于政治上的失意,孔子将很大一部分精力都用在了教育事业上。他打破了教育垄断,开创了私学,弟子多达三千人,其中比较著名的有七十二人,史称"七十二贤"。在这七十二人中,有很多人是各国的栋梁,他最喜欢的得意门生颜回就是其中之一。孔子在中国历史上最早提出"性相近也,习相远也"的观点,主张"有教无类"、"因材施教",提倡"学而不厌,诲人不倦"的精神。他主张"学而优则仕",其教育目的是为了培养从政的君子,所以他强调,学校教育必须将道德教育放在首要地位。而在孔子的道德教育中,作为最高道德准则的"仁"和道德规范的"礼"则成为教育的主要内容。

孔子不仅是一位大思想家、大教育家,还是一位音乐大师,他在齐国听到歌颂虞舜的韶乐后,沉醉其中,"三月不知肉味"(意思是指在三个月内,吃肉都不知味道,形容一心一意,全神贯注,别的事都不放在心上。现亦用以形容清贫,三个月没有吃过肉)。同时,他还提出了"智者乐水,仁者乐山"的著名美学命题。相传,他曾修撰《诗经》、《尚书》,修订《礼记》、《乐经》,为《周易》作序,撰写《春秋》。记录孔子言论的《论语》,成为儒家思想的核心著作,从"半部论语治天下"这句话中就可见古人对孔子及其儒家思想的推崇。

孔子的晚年十分不幸,先是唯一的儿子孔鲤早逝,只给他留下一个遗腹孙孔伋(jí),接着是他最喜欢的弟子颜回被害身亡。在一连串的打击下,七十三岁的孔子一病不起,没多久就离开了人世。他去世后,很多人自发为他守墓三年,他的弟子和一些鲁国人相继前往墓旁居住,有一百多家,形成了一个不小的村落,称为孔里。

虽然孔子在世时,他的政治主张没有实现,但他所开创的儒学却被后世的统治者所接受,汉代时更是出现了"罢黜百家,独尊儒术"的局面,并在之后的两千多年里一直被看做是社会正统和文化主流。孔子不仅影响了中国封建社会两千余年的文明进程,也对朝鲜半岛、日本、越南等地的社会发展产生了深远影响,因此,孔子被联合国教科文组织评选为"世界十大文化名人"之首。

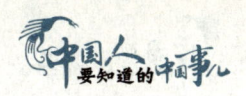

老子和《道德经》

春秋战国时期的另一位世界级文化名人是老子。老子（约公元前571年—前471年），又称老聃（dān），原名李耳，字伯阳，春秋时期楚国苦县（今河南省鹿邑市）人，是我国古代又一位成就卓著、影响深远的伟大哲学家和思想家，也是道家学派的创始人。老子主张无为而治，其作品《道德经》充满朴素的辩证法思想，对中国哲学的发展产生了深远影响。

作为道家学派的创始人，老子在道教中被尊为道祖，是道教中一个很重要的神仙，被称为太上老君，是一位无世不在的至高天神。到了商朝阳甲年，老子从太清境分神化气，变成一个李子，飘浮在楚国苦县的一条河里，被在河边洗衣的玄妙王女儿理氏吞吃了下去，从此理氏开始怀胎，一直怀了八十一年，才剖开左腋，生下一个白眉白发白胡子的老孩子。因为是一个老孩子，所以理氏叫他"老子"，又因吞食李子而生，故姓"李"。

明代文征明所绘的《老子像》

虽然这则传说明显是虚构的，但老子的与众不同却是从小就看得出来的。他自幼聪慧好学，对国家兴衰、战争成败、祭祀占卜、观星测象之事很感兴趣。在他十岁时，他的母亲为他请了一位通晓天文地理、古今礼仪的资深学者做老师，结果老师只教授了老子三年就来向老子的母亲辞行，并说："今天我来辞行，不是我不善

清代任颐所绘的《老子授经图》。描绘了函谷关关令拜见老子的场景

始善终地教学，也不是因为老子不好好学习，而是因为我的学问有尽，而老子求之无穷，我已经没有什么可教的了！"在这位老师的推荐下，十三岁的老子开始入周都求学深造。

在周都的太学里，老子开始博览群书，天文、地理、文物、典章、史书无所不学，仅用三年的时间就完成了学业。之后，老子被推荐做了管理藏书室的官员。藏书室是周朝典籍收藏之所，天下之文书汗牛充栋，无所不有，老子身处其中，犹如鱼入大海，鹰飞长空。经过三年如饥似渴的学习，老子的学识有了一个质的飞越，其博学之名天下皆知，大思想家孔子就曾四次慕名而来，向他请教问题。周朝灭亡后，老子离宫归隐，骑一头青牛，出函谷关而去，飘然不知所终。

《道德经》是老子在出函谷关前所作的，关于它的问世，还有一个"紫气东来"的传说。相传，把守函谷关的关令尹喜是个善观天象的人，有一天，他站在城墙上，看见一团紫气从东方飘来，认为必然有圣人到来，于是连忙赶到关外迎接，没多久就看见一位老人骑着青牛徐徐走来，这个老人就是老子。尹喜款待老子数日，对他十分尊敬，在老子离去前，一再请老子著述，老子推辞不过，就在函谷关留下了著名的五千言，也就是《道德经》。

《道德经》又称《老子》、《道德真经》或《老子五千文》，《道德经》和《易经》、《论语》被认为是对中国人影响最深远的三部思想巨著。《道德经》分为上下两册，共八十一章，其中前三十七章为上篇道经，后

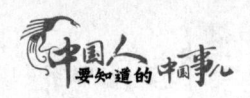

四十四篇为下篇德经。《道德经》全书虽只有短短的五千字左右，但言简意赅，博大精深，内容极为丰富。在《道德经》中，老子以其独特的视角，探究了宇宙的形成、万物的本原和国家的治理等一系列重大的哲学和政治问题，并且提出了"道"、"自然"、"无为"等著名哲学概念，成为中国哲学的基石。

"道"是老子思想体系的核心。老子在《道德经》中以"道"解释宇宙万物的演变，开篇即说："道可道，非常道。名可名，非常名。无名，天地之始；有名，万物之母。"即"道"可以用言语表述的，就不是永恒的"道"。"名"可以用名称界定的，就不是永恒的名。名称未定之前，那是万物的起源；名称已定之后，那是万物的母体。他认为"道生一，一生二，二生三，三生万物"，认为一切事物都是由"道"而生，"道"是世界万物的本原。老子解释说，"道"就是"夫莫之命而常自然"，也就是说，"道"是不以人的命令而改变的自然存在，也就是我们现在所说的客观自然规律。老子又说，"人法地，地法天，天法道，道法自然"，认为"道"是"独立不改，周行而不殆"的永恒存在，一切事物都遵循这样的"道"（即规律）。"道"是由老子首先提出的一个最高哲学概念，对之后的历代思想家都产生过深刻影响。

正是在"道"和"自然"的基础上，老子提出了他的"无为"思想，他说："天地无人推而自行，日月无人燃而自明，星辰无人列而自序，禽兽无人造而自生，此乃自然为之也，何劳人为乎？"老子之所以提出"无为"的思想，与他所处的时代有很大关系。当时正是春秋战国诸侯混战之时，统治者们侵公肥私、贪求无厌、强作妄为，肆意违背自然规律、社会规律，搞得天下大乱、民不聊生。老子对这种带来巨大破坏的"有为"提出了深刻批判，他说："民之饥，以其上食税之多，是以饥。民之难治，以其上之有为，是以难治。"在老子看来，"我无为而民自化，我好静而民自正，我无事而民自富，我无欲而民自朴"。因此，老子极力呼吁当时的统治者为政要"无为"，实行"无为而治"，不过多干涉老百姓的生活。

《道德经》中还包含大量朴素辩证法观点。老子认为，事物本身的内部不是单一的、静止的，而是相对复杂和变化的。他认为事物本身即是阴阳的统一体，一切事物均具有正反两面，例如有无、难易、上下、强弱、刚柔、

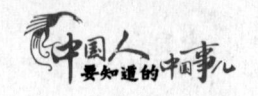

祸福等，都是相互依存、相互联结的，所以他说"有无相生，难易相成，长短相形，高下相倾，音声相和，前后相随"，又说"贵以贱为本，高以下为基"，"祸兮福所倚，福兮祸所伏"。老子还认为，相互对立的两面并不是一成不变的，而是能够相互转化的，即阴阳转化。因此他说"正复为奇，善复为妖"（正常和怪异可以相互转化，善良与邪恶也能彼此循环），"曲则全，枉则直，洼则盈，敝则新，少则得，多则惑"（委屈便会保全，屈枉便会直伸，低洼便会充盈，陈旧便会更新，少取便会获得，贪多便会迷惑）。同时，老子还认为"反者道之动"，认为阴阳转化的方法来源于事物的规律，也就是所谓的"道"。

因此，在老子看来，"无为"和"有为"也是可以相互转化的，在一定条件下，"无为"也会转化为"有为"。所以，老子提倡的"无为"，并不是什么都不做的"不为"，而是不妄为、不乱为，顺应客观态势、尊重自然规律的意思。所以，老子说"无为而无不为"，也就是说"不妄为，就没有什么事情做不成"，他总结说"为无为，则无不治"、"圣人无为故无败，无执故无失"。无为而治的思想在中国古代有很大的影响，汉初、唐初和宋初的统治者们都曾利用无为而治的思想协调和处理当时的社会矛盾，很有成效。

老子的哲学是一种大智慧，他的著作和思想已经成为世界历史文化遗产中的宝贵财富。欧洲从十九世纪初就开始了对《道德经》的研究，到二十世纪四五十年代，欧洲共有六十多种《道德经》译文，二十世纪后半叶，全世界范围内形成"老子热"，《道德经》一书在美、英、德、法、日等发达国家一版再版。国际知名汉学家、英国科学家李约瑟曾说："中国文化就像一棵参天大树，而这棵参天大树的根在道家。"

老子的哲学和他所创立的道家学派，不但对我国古代思想文化的发展做出了重要贡献，而且对我国两千多年来的文明进程产生了深远影响。伟大先哲老子和《道德经》这部不朽之作，始终闪耀着灿烂的光华。

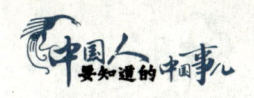

墨子的"兼爱"与"非攻"

两千多年前的春秋战国时期,诸子百家争奇斗艳,是中国历史上群星闪烁、思想和文化最为辉煌灿烂的时代。墨子和他的"兼爱非攻"学说就是其中耀眼夺目的一朵奇葩。

墨子(公元前468年—前376年),名翟(dí),是墨家学说创始人,著名的思想家、教育家、科学家、军事家、社会活动家。墨子正好生活在孔子和孟子之间,他早年"学儒家之业,受孔子之术",后来他逐渐看出儒家学说的种种弊端,□□□□□□□□□□□于是自立门户,开创了墨家学派。他的思□□□□□□□□□□想和言论,被其门徒编成《墨子》一书传□□□□□□□□□□世,这部光彩夺目的巨著,是墨家学说的□□□□□□□□□□精华。

墨子出身贫寒,□□□□□□□□□□曾经做过小手工业者,即使后来他著书□□□□□□□□□□讲学,成了闻名天下的大思想家,他也始□□□□□□□□□□终认为自己只是普通百姓中的一员,并自□□□□□□□□□□称"贱人"。当然,这里的"贱",并不□□□□□□□□□□是现代骂人的话,而是墨子对自己出身贫□□□□□□□□□□寒的一种坦然认可,其豁达心胸可见一□□□□□□□□□□斑。在春秋战国那个诸侯征伐、战火纷飞□□□□□□□□□□的年代,贫苦百姓流离失所,家破人亡,□□□□□□□□□□饱受摧残。出身社会底层的墨子,深知普□□□□□□□□□□通百姓的生活疾苦,正是基于此,他发□□□□□□□□□□出了"兼爱"、"非攻"的呼声。

宋代马麟所绘的《夏禹王像》

"兼爱"是墨家学说的基本观点。墨子认为,社会成员之间应该普遍平等,相互理解,相互宽容,即"大不攻小也,强不侮弱也,众不贼寡也,诈不欺愚也,贵不傲贱也,富不骄贫也,壮不夺老也",也就是说,强大的不能攻击弱小的,人多的不能欺负人少的,聪明的不能欺辱愚笨的,富贵的不能歧视贫贱的,年轻力壮的不能欺辱年老的。可见墨子的"爱人"是普遍的,没有等级界限的。

墨子所讲的"兼爱"与儒家"仁者爱人"的主张,表面看上去似乎一样,实际上却有着本质的不同。因为儒家的"仁爱"学说是等级森严的,是以血亲为宗法本位的,只适用于统治阶级内部。与之相比,墨子的"兼爱",既是对儒家"仁"的发展,更是对儒家"仁"的否定。

值得一提的是,墨子虽然反对儒家学说,但并不是一个狭隘偏激的人。据记载,墨子和当时的名人程子是朋友,二人经常辩论。有一次,墨子对程子说:"儒家学说有四个方面足以让天下灭亡。"程子说:"这是你对儒家的胡乱诋毁。"墨子却回答说:"我只是说出了真实存在的问题,并不是诋毁。"过了几天,墨子在与程子的辩论中对孔子又大加赞扬。程子不明白地问:"你一向攻击儒家,为什么现在又来称赞孔子呢?"墨子回答说:"孔子身上也有合理的不能不承认的地方,应该区别对待"。墨子这种对事不对人的态度,充分体现了一位思想家的严谨与包容。

"兼爱"主张天下人互爱互利,不要互相攻击,这就必然要主张"非攻"。墨子认为国与国相攻、家与家相夺、人与人相害,是一切社会祸乱之源。特别是国家之间的战争,更是给社会和劳动人民带来了巨大危害,他指出,正是因为有了战争,才害得人们耽误了春天的耕种,损失了秋天的收成,耗费了数不尽的

战国晚期的卷云纹鼎

14

财物，损失了数不尽的牛马，伤亡了数不尽的百姓和士兵。不仅被攻打的国家会受害，攻打别人的国家也会受害。他主张弱小的国家团结起来，共同抵御大国的兼并，这一理论是战国"合纵"的萌芽。

这里的"非攻"，并不是说要反对一切战争。它所反对的，只是侵略别人的不义之战。在这里，墨子把战争分成了两类：一类是"攻"，指的是伐"无罪之国"的非正义的侵略战争；一类是"诛"，指的是"伐有罪之君"的正义战争。对于非正义战争，他坚决反对，但对于正义战争，他积极支持。而且他认为，"兴天下之利，除天下之害"的正义战争是伟大的人才能做得到的壮举，并举例说，禹征伐有苗、汤伐桀、武王伐纣，都是应该被传颂万世的正义之举。

墨子在区分侵略战争和正义战争的差异时，还进一步指出，那些发动侵略战争的，不仅违背了天志、天意，还失去了民心、民意，必然会遭到失败；而那些正义之战，因为顺乎天志、天意，符合民心、民意，必然会获得胜利。由此，他肯定地说，民心所向，战之必胜。

在支持和参与正义之战的过程中，墨家的防御技术是出了名的，被称为"墨守"。《墨子·备城门》中，记载了他们制造和使用防御武器的经验。"止楚攻宋"，就是墨子实践"兼爱非攻"思想的一个成功的经典案例。

当时，楚国的国君楚惠王为了称霸天下，打算攻打宋国，并请来著名的工匠鲁班为他设计了一种叫做云梯的攻城工具。墨子知道后，非常气愤。他一面派大弟子禽滑厘率领他的三百多名学生，携带守城器械，到宋都做好防守准备，一面连续十天十夜跋山涉水赶到楚都，去劝阻楚惠王。

墨子对楚王说："楚国方圆五千里，地大物博，宋国土地不过五百里，物产也不丰富，楚国为什么要舍弃自己的彩车而想去偷邻居的破车，舍弃自己的肉食而去偷邻居的糟糠呢？"楚王虽然觉得墨子说的有道理，但是想到鲁班的云梯，还是不愿放弃原先的打算。墨子看破楚王的心思，请楚王让他和鲁班较量一番。墨子解下腰带作为城，用细小的木片为器械，鲁班九次设计攻城的机关，墨子九次都挡住了。鲁班攻城的机关用尽了，墨子守城的装备还绰绰有余。鲁班无言以对，却说："我知道用什么办法来对付你，不过我不说。"墨子说："我知道你用什么办法对付我，我也是不说罢了。"楚王听得一头雾水，连忙追问。墨子说："鲁班的意思，不过是想杀掉我，杀了我，宋国就守不住。然而我的弟子已经带着我的防御器械，在宋国都城做好了准备，所以即使杀了我，还是攻不下来的。"楚王听了墨子这番话，知道自己没有了取胜的希望，只好打消了攻打宋国的念头。就这样，墨子兵不血刃地及时平息了一场即将发生的战祸。

除了"兼爱"、"非攻"的学说外，墨子的思想还包括"尚贤"（尊重有才德的人）、"尚同"（即上同，认为人们的意见应当统一于上级，并最终统一于天）、"节用"（主张各阶级实行一种较低水平的统一的消费标准，凡不实用、不能给百姓带来利益的消费应一概取消）、"节葬"（反对厚葬，主张薄葬）、"明鬼"（认为鬼神不仅存在，而且能对人间的善恶予以赏罚）等内容。墨子不仅是一位思想家，还是一位科学家，是中国历史上第一位在力的作用、杠杆原理、光线直射、光影关系、小孔成像、点线面体圆概念等众多领域都有深厚造诣的人。

墨子创立自己的学派后，也像孔子那样，招收弟子，著书讲学，到处奔走。但是几年过去了，他深感一个人的力量是微小的，必须发动和组织更多的人才为义献身，才能实现自己的理想抱负。于是，墨子在他三十岁左右的时候，创办了人类历史上第一个讲授文、理、军、工等知识的综合性平民学校，培养了大批人才，墨家学说也成为"言盈天下"的显学之一。

墨家的成员多来自下层，墨家学派与当时的其它各派不同，是一个非常严密的组织。墨家弟子中谈辩的人被称为"墨辩"，行侠的人被称为"墨侠"。墨家的首领称为"巨子"，墨子就是第一代巨子。著名国学大师季羡林高度评价说："墨子在人类文明史上，代表了一个时代的高度，是一位伟大的平民圣人。"

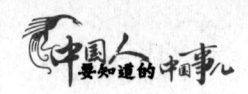

孟子光大儒学

孟子（公元前372年—前289年），名轲（kē），字子舆，战国时期邹国人，是我国伟大的思想家、教育家、政治家，百家争鸣高潮时期儒家学派的主要代表，孔子开创的儒家思想正是经孟子而发扬光大的。

家喻户晓的《三字经》是古代少儿入学启蒙的必备读物，其中"昔孟母，择邻处，子不学，断机杼（zhù）"的内容，说的就是孟子的母亲教导孟子成才的故事。孟子很小的时候，父亲就去世了，剩下他和母亲相依为命。孟子和母亲曾住在一片墓地的旁边，他和周围的孩子玩耍时，经常会学着大人跪拜哭嚎的样子，玩起办理丧事的游戏。孟子的母亲看到后，大为担心，就把家搬到了市集旁边。结果，孟子和邻居的小孩又玩起了做生意的游戏，还学得惟妙惟肖。于是，孟子的母亲又把家搬到了学校附近。这下，受到学校环境的影响，孟子变成了一个懂礼貌、爱读书的好孩子，最终成为一位青史留名的大思想家。现代很多孩子的父母，都想让孩子进重点学校，也是和孟母一样，出于对孩子学习环境的考虑。

在中国历史上，孟子的地位仅次于孔子，被尊称为亚圣，二人合称孔孟，成为儒家文化的一种象征。儒学奠基于孔子，但在孔子的时代，儒学还远没有得到社会的普遍认同，墨、道、法等学派都曾对儒学提出批评，到战国时代，更是出现了"杨朱、墨翟之言盈天下，天下之言不归杨，则归墨"的现象，儒学的地位受到重大冲击。正是在这种时刻，孟子继承和发扬了孔子的理论，提出"仁政"和"民贵君轻"的学说，并通过积极的理论争鸣，维护了儒学的显学地位。

孟子很尊崇孔子，对孔子的学说也研究很深。他学成之后，也像孔子那

孟庙的大门

样，四处收徒讲学，传播儒家学说。四十多岁的时候，孟子开始带领弟子周游各国，先后到了齐、宋、滕、魏、鲁等国。当时，孟子已经认识到，正是因为诸侯分立，才有了相互之间没完没了的攻伐征战，只有国家统一了，才能真正实现社会安定。正是基于此种意识，孟子提出了"仁政"的政治主张，主张实行宽严有度的怀柔政策，企望将"仁政"推行于天下。

"仁政"学说是孟子政治主张的核心。他一方面严格区分了统治者和被统治者的阶级地位，认为"劳心者治人，劳力者治于人"。另一方面又认为统治者应该像爱护子女一样去关爱自己的人民，他认为只要统治者实行仁政，就可以得到人民的真心拥护，反之如果不顾人民死活，实行暴政，就会被人民所推翻。孟子在总结了历代王朝兴衰更替的教训之后，在他的"仁政"思想中提出了"民为贵，社稷次之，君为轻"的观念，"民贵君轻"这一石破天惊的著名论断成为孟子思想中最为光彩夺目的部分。

孟子深知战乱给人民带来的疾苦，所以对战争非常痛恨。他说，在那些争夺土地的战争中，被杀死的人漫山遍野都是，在那些争夺城池的战争中，满城都是被杀死的人，这实际上就是带领土地来吃人肉，对那些发动战争的人来说，死刑都不足以抵消他们的罪过。在周游列国的过程中，劝阻那些好战的君王，一直是孟子的努力方向。

　　有一次，孟子来到梁国，去见了好战的梁惠王。当时连年征战失利，正处在人生低谷的梁惠王很困惑地对孟子说："我在治国上尽心尽力，也自认非常爱护百姓，但为什么却不见百姓增多呢？"孟子回答说："打个比方，有两方军队在战场上相遇，经过一番厮杀，打败的一方丢盔弃甲，四散奔逃。假如一个士兵因为跑得慢，只跑了五十步，却去嘲笑跑了一百步的士兵贪生怕死。你认为对不对？"梁惠王立即说："当然不对！"孟子看着他说："你虽然口头上说你爱百姓，但你喜欢打仗，并因此给人民带来更多苦难。这与五十步笑百步是同样的道理。"

　　在孟子看来，执政者作为老百姓的父母官，让人民生活幸福是其基本的职责。相反，如果那些父母官们自己每天过着吃穿不愁的生活，却看着老百姓挨饿受冻而不加理会，那简直就像是率领野兽吃人一样，是极大的犯罪。孟子批评梁惠王说："你现在治理的魏国，把从百姓那里征来的粮食，喂给富贵人家的猪狗，却不加以检查和制止。路上出现了饿死的人，却不打开仓库加以赈济。老百姓死

清代康涛所绘的《孟母断机教子图》

了，竟然说'这不是我的罪过，是因为天灾年头不好'，说这种话的人，和那些用刀子杀了人，却说不是自己的错，而是刀子的罪过的人，又有什么不同？大王如果能够不去埋怨年成，而从政治上进行根本改革，那么，别的国家的老百姓自然就会前来投奔。"

孟子的"仁政"和"民贵君轻"思想都是建立在他的"性善论"的基础之上的。他说，人没有不善良的，就像水没有不向低处流一样，都是必然的；即使有的人做出不善的事，也是因为外力强迫的关系。他在齐国任客卿（春秋战国时非某国人而在某国当高级官员的人）的时候，曾对齐宣王说："现在给老百姓的田产，既不能奉养父母，也不能养家糊口，年景好时终身劳苦不得温饱，灾荒之年就只有死路一条，老百姓连命都顾不上，哪还能讲什么礼仪？自然会胡作非为，什么事都做得出来。如果等他们犯了错，再去治他们的罪，这就等于故意陷害他们，贤明的君主怎么能去陷害自己的百姓呢？"他对此提出了解决方法："只要给百姓一定的产业，让他们能够满足生活需要，他们自然就会谨守规范，愿意服从管理。"在此基础上，孟子还提出了"井田制"的政治设想。

孟子宣扬"仁政"和"民贵君轻"理论的时候，距离秦始皇完成统一大业还有一百多年，所以，当时正忙着兼并战争的各国都没有采纳孟子的治国理念。最后，像孔子一样，孟子在七十多岁的时候，带着一腔抱负无法施展的慨叹，黯然回到老家，转而著书立说。《孟子》一书记述了孟子一生的主要言论、活动及思想学说，内容丰富多彩，博大精深，在中国思想发展史上具有举足轻重的重要地位。

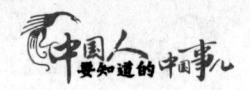

惠施的"历物十事"

惠施（约公元前370年—前310年），即惠子，是战国时期宋国（今河南省商丘市）人，是当时著名的政治家、辩客和哲学家，是当时诸子百家中名家学派的代表人物，"历物十事"说的就是惠施的十个哲学命题。

战国时期是诸子百家争鸣最为激烈的时期。各家学派见解各异，有的甚至南辕北辙，为了宣传自己的学术思想，让更多的人，特别是统治阶层认可和采纳自己的学说，各学派之间展开了非常激烈的辩论。辩论也是一门学问，也需要技巧和规则，也就是今天人们所说的认识论和逻辑学。而名家，就是专门研究这些技巧和规则的学派。名家的人以"辩者"闻名，他们喜欢提出一些怪论，乐于与人争辩，有"困百家之知，穷众口之辩"（能困窘百家的见解，使众多善辩者理屈词穷）的能耐。惠施就是名家学派中最有名的代表人物之一。

从表面上来看，名家的研究与政治、与具体的治国之术关系不大，但名家强调端正名实关系，实际上是从一个更高的角度来阐释自己的政治伦理思想。惠施就曾做过魏国的宰相，还是合纵抗秦的最主要的组织者和支持者，在当时的各国都享有很高的声誉。有一个"惠施之谋"的成语，说的是惠施在魏国时，建议魏惠王联合齐国、楚国一起对抗秦国，但是一心向秦的张仪却向魏王提出不同意见，建议魏国联合秦国、韩国去进攻齐国和楚国。惠施和张仪各执己见，争执不下。最后，魏惠王没有采纳惠施之谋，而采用了张仪的观点，最终导致失败。

惠施知识渊博，著述很多，但遗憾的是，他的著作都没能流传下来，我们现在知道的他的一些哲学思想，都是通过他人的转述。《庄子》、《荀子》、《韩非子》、《吕览》、《战国策》等史书中都有对惠施的记载。其中对惠施的言行及思想记载最多的，是他的朋友庄子的著作《庄子》。

虽然惠施与庄子在政见上差异很大，经常一见面就争论不休，但他们却是关系很好的朋友。庄子在介绍他和惠施的关系时，说了这样一个故事：有一个楚国人在自己的鼻尖上抹了一点像苍蝇翅膀一般大小的白灰，他请好友匠石替他削掉，匠石很随意地一斧头削下来，结果白灰全掉了，这个楚国人却面不改色，连眼睛都不眨一下。后来宋元君听说了这件事，请匠石来表演，匠石却说："那个我能信任、也能信任我的朋友已经去世很久了，您说的事情我再也做不到了。"从这个"匠石运斤"的故事中可以看出，虽然庄子一生交友很少，但惠施确实是他认可的知己好友。

《庄子》一书记载了惠施最重要的十个哲学观点，即"历物十事"。这十个哲学命题如下。

一、至大无外，谓之大一；至小无内，谓之小一。

在惠施看来，无限大的东西是没有外沿的，因为有外就有限，就不是最大的。同样道理，惠施认为，最小的东西应当是小到内部不能进行再分割的，如果还能再分割，就不是最小的。这是我国古代哲学家对于无限大与无限小这一对矛盾概念的最初认识，惠施的这种论点是他其他九个论点存在的先决条件。

二、无厚不可积也，其大千里。

这句话的意思是说，没有厚度的平面，不可能通过相互累加而积成体积，但是却可以扩展延伸到上千里。在惠施看来，至小和至大不是绝对的，在某种条件下也可以实现统一。这一命题是对上一命题的进一步延伸。

南宋李嵩所绘的《骷髅幻戏图》

三、天与地卑，山与泽平。

意思是说天与地的高低是一样的，山与水泽一样平。惠施认为，高低、上下的位置都是相对而言，相互之间可以实现转化。他的这一命题包含着伟大的平等思想，梁启超称其为"主张绝对的平等论"。

四、日方中方睨，物方生方死。

这是一个关于时间的哲学命题，意思是说，太阳升到正中的时候也是它开始西斜的时候，一个东西出生的时候也是它开始走向死亡的时候。在惠施看来，任何事物都是一个变化着的过程，总是既在这一点，又不在这一点，生死之间的差别与对立，是任何事物本身都包含的一对矛盾。

五、大同而与小同异，此之谓小同异；万物毕同毕异，此之谓大同异。

惠施认为，天下万物都是世间的一物，没有一物例外，这就是所谓的毕同，而把万物分开来看，又各不相同，加上时间和空间的差异性，万物的差异又是绝对的，这就是毕异。毕同即大同，毕异即小异。惠施认为大同中包含着小异，小异中又体现着大同，同和异之间是对立统一的关系。

六、南方无穷而有穷。

战国以前，人们认为南方是无穷的，可以一直往南没有止境地扩展。后来才渐知南方有海、有边境，就又出现"南方有穷"之说。惠施则认为，从方向上来说，南方是无穷的，从地域上来说，南方又是有止境的，揭示了空间的无限性和有限性的对立统一关系。

七、今日适越而昔来。

这句话字面上的意思是说，"今日去越国，然而昨日就已到了"，也是一个关于时间的命题。惠施认为，"今"与"昔"是相对的，今天相对于昨天来说，是"今"，相对于明天来说，就是"昔"，也就是说，今昔是可以转化的。

八、连环可解也。

很多人认为，这个命题是惠施给后人留下的最难解的命题。因为这个命题只有一句话，至于究竟怎么个解法，这在《庄子》里没说。著名哲学家冯友兰给出的解释，也只是草草地说"成毁是相对的"，一笔带过。因为据说当时就有这样一个故事，有人给齐威王后送了一个玉连环，请她解开。大臣们都苦思冥想，怎么也想不出解法。王后便拿来锤子，把玉连环打碎了，从而解开了玉连环。

九、我知天下之中央，燕之北，越之南是也。

春秋战国时期，一般人都认为燕之南、越之北的中原地区是天下的中央，而惠施从"至大无外"的宇宙无限论出发，认为天下没有中央，反之则处处可为中央。所以惠施认为，除燕之南、越之北可以作为天下的中央外，燕之北、越之南也可以说是天下的中央。这一命题体现了惠施"合同异"的观点。

十、泛爱万物，天地一体也。

这句话的意思是说，应该无差别地去关爱世间的一切人、事、物，因为天地间的万物是一个统一的整体。惠施认为，大小、高低、中睨（即斜）、生死、同异、今昔等等一切的差异都是相对的，天地之间没有绝对的对立与纷争，是个和谐统一的整体。这一命题无限地放大了事物间差异的相对性，是对前面九个命题的概括和总结。

在惠施生活的那个年代，这十个重要命题非常有名，甚至一度成为当时各家各派讨论分析的中心议题，当时的人们几乎都知道惠施是如何论证这十个命题的，以至于连庄子都觉得没有把论证过程记录下来的必要。但我们现在对惠施"历物十事"的研究和分析，只能在零星史料的基础上进行推测和演绎，这不能不说是一种巨大的遗憾。

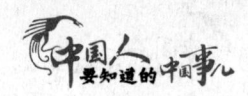

荀子的"人定胜天"思想

荀子（公元前313年—前238年），名况，战国末期赵国人，著名的思想家、文学家、政治家，儒家代表人物之一。他在年轻的时候便发奋求学，精心钻研各家各派的学说，最后成为诸家学说的集大成者。当时，位于齐国都城临淄（今山东省淄博市）的稷（jì）下学宫，是诸子百家学术争鸣的中心舞台，儒、墨、道、法等重要学术流派的著名学者和其他饱学之士都曾汇聚于此，自由发表学术见解。荀子因为学识渊博，威望极高，"最为老师"，曾三次出任稷下学宫的祭酒（学宫之长）。

孔子死后的一百多年里，诸侯分立、争霸天下成为时代主题。儒学因其"王道"、"仁政"，反对兼并战争的政治主张，不符合当时大一统的发展趋势，而显得不合时宜，并受到墨家等其他学派的批评，其显学地位开始呈现衰微之势。在这个关键时刻，荀子同孟子一样，在继承儒家传统的基础上，兼收并蓄，进一步丰富和发展了儒家的理论学说，对儒学的复兴做出了不朽的贡献。"人定胜天"就是他在天人关系问题上提出的著名论断。

天人关系问题一直是中国古代哲学的一个热点问题，即使到今天，关于人与自然的关系、人与自然如何和谐相处的问题，仍然是人们关注的焦点。在殷商奴隶制社会，出于对风雨雷电等自然现象的不解，人们对大自然心存畏惧。奴隶主为了使奴隶们供其驱使，便把自己的意志假托为"上帝"的命令，认为自己的权利授之于天，宣扬"天"可以主宰一切的"有神论"和"君权神授"思想。春秋末期，随着奴隶制的衰落和人们对自然认识的深化，原来的"天命"思想受到冲击。荀子"人定胜天"理念的提出，更是如一声惊雷，给两千多年前的思想界带来极大震撼。

荀子认为，天道自然。在他看来，"天"是自然化、客观化、规律化的存在，"天"没有人格，不具有理性、意志、好恶之心，而斗转星移、日月交替、四季更迭等等都是万物自身运动的结果。他在《天论》中指出，天星坠落、日蚀月蚀、风雨不调、天上出现怪星等现象，是每个时代经常有的事，人们不了解其原因而感到奇怪是正常的，但若畏惧这些现象就大可不必。

有人提出疑问，当一个地方发生大旱的时候，人们会向老天爷求雨，结果过不了几天，天果然下起雨来，这难道不是人们祈求的结果吗？荀子回答说，那只不过是碰巧遇上了而已。因为长久的干旱后，即使你不求雨，天也是会下雨的，这是自然界变化的规律，这和祭天求雨一点关系都没有。用他的话来说就是"天不为人之恶寒也辍冬，地不为人之恶辽远也辍广"，也就是说，天不会因为人们厌恶天气寒冷而取消冬天的存在，也不会因为人们厌恶地域辽远而停止它的扩大。一句话，太阳朝升暮落，月亮有圆有缺，年年春夏秋冬，四季寒来暑往，一切自然界的变化都不是由人们的主观愿望决定的。

在此基础上，荀子提出了"天行有常，不为尧存，不为桀（jié）亡"的著名论断。意思是说，天有自己不变的规律，这规律是自然性的客观存在，天不是因为世界上有尧那样的贤君才存在，也不会因为有桀那样的暴君就消亡。荀子认为，与天灾相比，更可怕的还是人祸，统治者"政令不明、举措不时、本事不理"（政策和法令不贤明，举动和措施不及时，自己分内的事情不去做）带来的灾祸比自然灾害造成的损失要严重得多。他说，如果国家治理得好，即使出现天灾，也不会给百姓带来多大的损失，而如果政治腐败，即使没有天灾，百姓们也一样生活在水深火热之中。

在承认自然客观性的同时，荀子认为天是可以被认识的，认为人可以通过后天的学习来认识事物、思考问题。荀子认为，人们生下来时并没有多大差别，都有

尧帝像

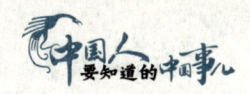

学习的能力。贤才之所以能超过一般人，主要是后天努力学习的结果。他在《劝学》中说，"不登高山，不知天之高也；不临深溪，不知地之厚也；不闻先王之遗言，不知学问之大也。"又说："学不可以已。青，取之于蓝，而青于蓝。"鼓励人们好学上进，奋发图强，赶超前人。同时，他又说："不积跬步，无以至千里。不积小流，无以成江海。骐骥（jì，千里马）一跃，不能十步。驽马十驾，功在不舍。锲（qiè）而舍之，朽木不折。锲而不舍，金石可镂。"强调学习是一个长期积累的过程，要坚持不断地学习。荀子一生不仅以勤奋好学闻名于世，而且以善为人师而名垂史册。

在荀子看来，人不仅能够认识天，而且能够胜过天、制服天。他认为，人类可以通过自己的努力改善生产和生活条件，面对自然界的灾害，人类也可以通过自己的努力去预防和抵御。他大声疾呼："与其敬仰天，不如制服天；与其顺从天，不如掌握天；与其坐待恩赐，不如主动利用；与其依赖自然繁殖，不如运用人力加速发展。"在这里，荀子提出了"改造自然，人定胜天"的光辉思想。

荀子是一个脚踏实地做学问的人，无论是修身，还是治学，荀子都能严于律己。他要求自己一日"三省吾身"，每天都要深刻地分析、检讨自己的言行，直到发现真的没有过失了，才能放下心来。他的思想虽然与孔子、孟子思想同属儒家范畴，但他见解独到，自成一说，对后世儒学的发展影响巨大。特别是他的人定胜天思想，在当时的意识形态领域里引起了一场大革命，使人们的耳目为之一新，有力地推动了社会思潮的发展。

庄子的"无为"哲学

庄子（公元前369年—前286年），名周，是战国时期伟大的思想家、哲学家和文学家。庄子原是楚国公族，楚庄王的后裔，后因战乱迁至宋国（今河南省商丘市），是道家学说的主要创始人，与道家始祖老子并称为"老庄"。庄子一生著述十余万言，代表作《庄子》以其丰富的思想内涵、浓重的浪漫色彩，被后世人代代尊崇，其中的名篇《逍遥游》、《齐物论》等，更是中国古代文化中耀眼的明珠。

庄子生活在战争不断的战国时期，同一切愤世嫉俗、厌恶尘世纷争的先贤一样，庄子也对所处的环境表现出极大的不满。《庄子·山木》中记载，庄子身穿打着补丁的粗布衣服，脚穿草绳系住的破鞋，去拜访魏王。魏王见了他，说："先生怎么如此潦倒啊？"庄子纠正他说："是贫穷，不是潦倒。士有道德而不能体现，才是潦倒；衣破鞋烂，是贫穷，不是潦倒，这就是所谓的生不逢时啊！大王您难道没见过那腾跃的猿猴吗？如果是在高大的楠木、樟树上，它们可以灵活攀缘，轻松上下，逍遥自在，即使最善射的后羿、蓬蒙再世，也不一定能够射到它们。可要是在荆棘丛中，它们也只能危行侧视，小心谨慎地走过，这并不是说猿猴的筋骨变得僵硬不灵敏了，而是因为所处的环境不便于施展其才能。若是处在昏君乱相之间而想要不潦倒，那怎么可能呢？像比干剖心就是最好

庄子像

的证明啊！"

庄子还曾明确地说："如果天下有道，有本事的人就能成就一番事业，如果天下无道，即使是圣人也得努力保全性命。在现在这个时代，仅仅能避开刑罚屠戮，就已经很不错了。幸福像羽毛那样轻微，根本让人感觉不到，而祸患却像大地一样沉重，让人不知道怎样才能躲避！"正是基于这种对社会现实的不满，庄子在接受老子思想的基础上，提出了"天人合一"和"清静无为"的主张。

庄子认为，"道"存在于天地万物之间，无所不在，但"道"也是虚无的，自然无为的，所以庄子主张无为，放弃一切妄为。《庄子·山木》中记录了这样一个故事。一天，庄子与弟子在山脚下看见一棵枝繁叶茂的巨树。庄子忍不住问伐木者："请问师傅，如此好的一棵树，怎么一直没人砍伐？"伐木者很不屑地说："这有什么奇怪的？这种树没有什么用处，用来做船的话很容易沉水，用来做棺材的话会很快腐烂，如果用来做家具又很容易毁坏。这样没用的东西，谁会费力气来砍它呢？"庄子听后，感慨地对弟子说："这棵树因为没用而得享天年，不正是没用的大用吗？可叹这世上的人只知道有用的用处，而不知道无用的用处。"这种思想反映在其治国理念上就是"无为而治"，反对一切社会制度。

因此，在庄子的思想中有很浓郁的出世、遁世倾向，他在入仕问题上的态度就是一个很好的证明。虽然庄子一生布衣，生活贫困，常常借债度日，但他对入朝做官非常抵触，对那些权贵也非常厌恶，觉得让他入仕做官，比让他死还难受。有一次，庄子正在濮（pú）水岸上钓鱼，楚王派了两名大夫来找庄子，请他管理政事，就是做宰相。庄子紧握着钓竿，头也不回地说："我听说楚国有一只神龟，已经死去三千年了，被珍藏在庙堂上接受祭祀。请问大夫，你们若是龟，是愿意死掉被祭祀，享受尊崇，还是愿意做一只趴在泥里的活龟呢？"两位大夫说："当然愿意做活着的乌龟啊！"庄子于是对他们说："回去吧！因为我也愿意做那一只趴在泥里的活龟。"

庄子力图在乱世中保持独立的人格，一生都在追求逍遥无待、超越一切自然和社会的限制的精神自由。他认为人若无法摆脱世俗的观念和生活，是谈不上自由的，即使能够像列子那样"御风而行"，也谈不上真正的自由，因为他还有赖于风。真正的自由必须是"无待"即无条件的。在《庄子·至乐》篇中，庄子写了这样一个寓言，说他在露宿野外时，遇见一个骷髅。庄子感叹地问："你是怎么落到这步田地的呢？是因为生病而死？还是因为国破家亡，惨遭杀害？是因为自己德行有亏，愧而自杀？还是因为寿终正寝自然死亡？"夜里骷髅托梦给他："我虽然死了，但是上没有君王来管束我，下不用管理朝臣，又不用忍受一年四季的辛劳，天天自由自在，即使是当了天子也没有我快乐。"庄子不信，就试探着问："我可以让你复活成人，还你父母、妻子、亲人、朋友，你可愿意？"骷髅拒绝说："我怎能放弃我的这种快乐而去遭受人间的辛苦呢？"

说到这儿，就不能不提到那个众所周知、流传千古的"庄周梦蝶"的故事。这个故事出自《庄子·齐物论》，说的是有一天，庄子做了一个梦，梦见自己变成了一只大蝴蝶，在花丛中自由自在地飞来飞去，感到心情非常舒畅，高兴得连自己是谁都想不起来了。结果忽然一下子惊醒过来，睁眼一看，却发现自己还是原来的庄子。庄子觉得很迷惑，究竟是庄子做梦变成了蝴蝶，还是蝴蝶做梦变成了庄子呢？他真有些搞不清了。这则寓言虽然短小，但是渗透了庄子诗化哲学的精义，是表现庄子齐物思想的名篇。从中可以看出，在庄子的心目中，只有打破生死、物我的界限，才能无往而不乐。

所以在生死观上，庄子有着不同于常人的独到见解。他在《庄子·知北游》中说："人生天地之间，若白驹过隙，忽然而已。"庄子病重即将不久

元代画家刘贯道所绘的《梦蝶图》。取材于"庄周梦蝶"的典故

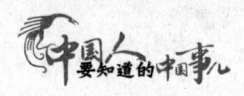

于人世的时候，弟子们出于对老师的尊敬和感激，想要对他实行厚葬。但他却谢绝了，他说："如果我死了，可以天地作棺椁，以日月为送葬的双玉，以星辰为含口的珠玑（jī），以万物为殉葬品。我的送葬品不是已很齐全了吗？还有比这更好的吗？"弟子们说："我们担心老师的尸体会被乌鸦、老鹰吃掉啊！"庄子说："在天上被乌鸦、老鹰吃掉，和在地下被蝼蛄（lóu gū）、蚂蚁吃掉，不都是同样的吗？从这个的嘴里夺回来，却给另一个吃掉，这是多么不公平啊！"可见在生死问题上，他是如何的超脱与豁达。

庄子这种对自然与自由的追求，给后世的文人墨客们带来极其深刻的影响。在中国思想史上，庄子毫无疑问是一位"前不见古人，后不见来者"的伟大思想家。

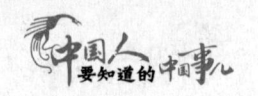

韩非之法、术、势

韩非（约公元前281年—前233年），战国晚期韩国（今河南省新郑市）人，韩王室诸公子之一，先秦著名思想家，法家的杰出代表人物。大家耳熟能详的"自相矛盾"的故事，就出自《韩非子》。

"法家"一词在古时候指的是明法度的大臣，法家学派则是先秦诸子百家中对法律最为重视、以法治为思想核心的一派。他们在法理学方面做出突出贡献，为后来秦朝中央集权制的建立，乃至整个封建社会政治与法制主体的形成，奠定了理论基础。

在韩非之前，法家的代表人物或者说创始人，有战国前期的李悝、商鞅、慎到、申不害等。但是他们并没有提出一套完整系统的理论，直到战国后期，韩非的出现，才真正将法家学说推向成熟。韩非继承了李悝、商鞅、慎到、申不害等法家代表人物的思想，吸收了儒、墨、道等诸家的一些观点，形成了以法为中心的法、术、势相结合的完整的法治理论，被称为法家思想的集大成者。

"法"，指的是国君发布的法令条文。韩非认为，应制定周到严密的法令，详细规定什么事可以做，什么事不可以做，什么事做了有赏，什么事做了要受罚。这样，国君只要用赏罚的法令条文，就可以让全国人民服从统治了。他还特别强调了"以刑止刑"的思想，强调"严刑"、"重罚"。值得称道的是，韩非第一次明确提出了"法不阿贵"（法律不偏袒讨好有权势的人）的思想，主张"刑过不避大臣，赏善不遗匹夫"，也就是说，不论是大臣还是百姓，惩罚和奖赏应该一视同仁。这种法律面前人人平等、打破特权的思想，对中国法制思想的发展产生了积极的影响。

"术"，指的是国君为了支配他的大臣而运用的手段和方法。同申不害相比，韩非的"术"主要在"术以知奸"方面作了新的拓展。在韩非看来，统治阶级为了争夺利益，相互之间不可避免地会钩心斗角，斗来斗去。那些当国君的人，既要他的臣民听从指挥，又要防备他的大臣篡权夺位；为人臣子的，既会想方设法保住自己的权势地位，又会竭尽所能、不遗余力地谋求更高的权势地位。韩非从国君的利益出发，提醒国君要随时对大臣保持警惕，在管理大臣时要用"术"，大臣们猜不透国君的意图，就不敢随便捣鬼。

"势"，指的是权位、势力。韩非极为赞赏慎到所说的"尧为匹夫不能治三人，而桀为天子能乱天下"的说法，即君主有了权势才能使人服从，即使尧、舜那样的国君，如果失去国君的地位，没有国君的权势，连三个人都管不了，更不必说管理天下了。他认为，权势是统治众人的本钱，推行法令，使用权术，没有势力是不行的。

在此基础上，韩非还提出了把法和势相结合的思想，提出了"抱法处势则治，背法去势则乱"的观点。意思是说，只有把法和势结合起来，君主通过手中的权力，派官吏依照法令去管理国家，才能把国家管理好，而如果摒弃法和势的结合，空有法令，而没有管理的手段，那必然会造成国家的混乱。儒家、墨家、道家论政治，都站在人民一边，从人民的观点出发来发展政治理论。法家则不然，它是站在君主一边，从君主治国的角度提出观点的。

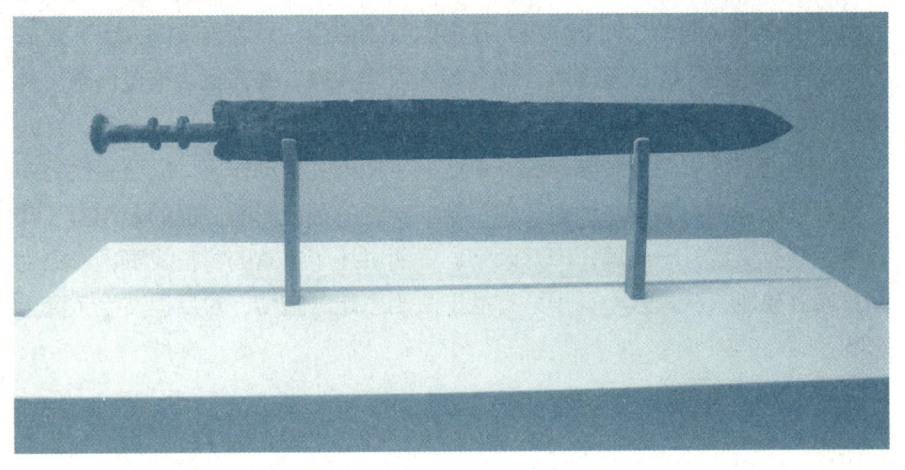

战国时期的剑

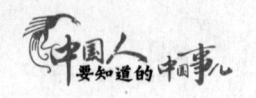

法、术、势三者的结合，体现了当时统治者和被统治的人民之间以及统治阶级内部的深刻矛盾，更体现了专制集权的倾向。韩非所处的时代，正是从分散割据走向大一统、走向专制主义的中央集权国家的前夜，韩非的这种主张之所以能被统治者所采纳，就是因为他的思想符合当时的社会大势，是时代发展的需要。

改革图治，变法图强，一直是韩非的政治理想。他继承了商鞅"治世不一道，便国不法古"（治理国家不要总是遵循同一个指导思想，要使国家发展繁荣就不能墨守成规）的思想传统，提出了"世异则事异"、"事异则备变"的主张，认为不能完全遵循过去，效法陈规，而应该勇于用新的方法研究新情况，解决新问题。《韩非子》中有这样一个有趣的故事。以前宋国有个农夫，一次偶然看到一只飞跑的兔子撞死在一根木桩上，他走过去捡回了那只兔子，非常高兴，此后的几天中，他每天从早到晚，坐在木桩旁边，等再有撞死的兔子。可是过了一个月，也没有再捡回兔子来。这个"守株待兔"的故事告诫人们，不要墨守成规，因循守旧，什么事都要按照现实的需要去进行改革。

韩非曾多次上书韩王，规劝韩王变法，振兴国家，但都未被采纳。他失望之下，就回到家中闭门写书，把自己的政治主张写成了洋洋十多万字的《孤愤》、《五蠹（dù）》、《内外储》、《说林》、《说难》等，合起来就是《韩非子》。后来，秦王嬴政（后来的秦始皇）看了他的文章后，大为赞赏，并趁韩非出使秦国的时候把他留在了秦国。但是，韩非并没有在秦国受到重用，后因与秦国大臣、过去的同窗李斯政见不同，被李斯、姚贾等人诬陷入狱，并在狱中被逼自杀。韩非虽死，但他的思想却在秦始皇、李斯手上得到了实践。

韩非的政治思想为秦国的统一事业起了积极的推动作用，以致后代历朝统治者在加强中央集权方面也受到了韩非学说的很大影响。他的著作集《韩非子》共有文章五十五篇，十万余字，里面讲述了丰富的寓言故事，形象生动，通俗易懂，深入人心，十分有益于法治思想的宣传，对后世产生了深远影响。

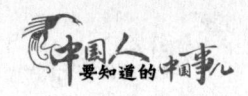

邹衍的"五德终始说"

"六月飞霜"说的是发生在战国时期的一个冤案。战国时期,齐国有一位著名的大贤者,因名气很大,被许多国君所看重。燕国的国君燕昭王请他来帮助治理国家,对他极为重视。等燕昭王死后,燕惠王继位,一些小人看不得一个齐国人在自己的国家享受高官厚禄,就在燕王面前进谗言,唆使燕王将其关入大牢。这位贤者蒙冤入狱后,人们都为他抱不平,结果那年夏天,燕国的土地上竟然下起了霜雪,人们都说肯定是因为老天也知道了他的冤屈,所以才这样警示我们。看到这种情况,燕惠王就顺应天意,把这位贤者释放了。贤者出狱后,高兴地跑到野外吹起了竹乐,结果阴沉的天空马上放晴,地里的五谷都长高了一大截。这个极具神话色彩的故事代代流传,广为人知,发展到后来,"六月飞霜"甚至成为冤案的代名词。这个故事中的大贤者,说的就是战国时期阴阳家中最具代表性的人物邹衍。

邹衍(约公元前305年—前240年),也作驺衍,号"谈天衍",是阴阳家的代表人物之一。阴阳家又称"阴阳五行学派"或"阴阳五行家",是战国时期的诸子百家之一,因提倡阴阳五行学说,并用它解释社会和人事而得名。战国时期,阴阳学派的代表人物有邹衍、公梼(táo)生、公孙发、南公等人,而邹衍是其中最著名、最有代表性的一位。

在当时,齐国的稷下学宫是诸子百家争鸣的重要舞台,在这个天下学者汇聚一堂的地方,邹衍可以说是其中最闪亮的一位,司马迁就曾在《史记》中把他列为稷下诸子之首。邹衍在吸收前人思想精华的基础上,对传统的阴阳学说和五行学说加以改造,提出了新的阴阳五行学说。

八卦图。相传为伏羲所作

阴阳五行学说可分为阴阳说和五行说,是我国古代人民创造的一种哲学思想,起源于上古时代执掌天文历法的统治阶级。关于"阴阳"和"五行"概念的记载,最早见于《易经》和《尚书》,但早在夏朝时,这种学说就已出现。

阴阳的最初涵义是很朴素的,表示阳光的向背,面向太阳为阳,背对太阳为阴,后来又引申到方位、气候、运动等其他方面,提出上为阳、下为阴,外为阳、内为阴,暖为阳、寒为阴,动为阳、静为阴,男为阳、女为阴等。后来古代的哲学家们把阴阳概念引申到一切存在相反相成关系的事物上来,提出自然界的任何事物都包含着阴和阳相互对立统一的两个方面,认为世界本身就是阴阳二气对立统一运动的结果,这就是《老子》所谓的"万物负阴而抱阳,冲气以为和"、《易传》所谓的"一阴一阳之谓道"。

五行指的是金、木、水、火、土五种物质元素。传统的五行学说认为,五行元素之间是相生相克的关系。五行相生说认为,钻木能生成火,所以木生火;火烧之后产生灰,灰也就是土,所以火生土;土聚成山,而山中必含金石之物,所以土生金;有金的地方一般都伴有水源的存在,所以金生水;水能滋润树木生长,所以水生木。五行相胜说则认为,众胜寡,所以水胜火;精胜坚,所以火胜金;刚胜柔,所以金胜木;专胜散,所以木胜土;实胜虚,所以土胜水。五行学说认为,金、木、水、火、土五种元素是构成宇宙万物和各种自然现象的基础。

邹衍把春秋战国时期流行的阴阳五行学说附会到社会发展和王朝兴替上,提出了"五德终始"的历史观。邹衍认为,整个物质世界是由金、木、水、火、土构成的,这五种元素各具神力,即五德,而社会的变迁,朝代的更替,都是由"五德转移"造成的。在他看来,从远古时候以来,人类社会就是按照"五德转移"的次序进行循环的,每一个朝代都有五德中的一德与之相对应,每一德的盛衰都对应了那个朝代的兴亡,历史的发展就是按照五

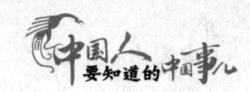

行相生相克的规律进行循环的。举例来说，他认为每一位帝王兴起之时，上天都会给出符合五德的祥瑞之兆，如果他的德运衰落了，就会被胜过其德运的另一德所取代。如黄帝时天下出现大蚓（蚯蚓，又称土精）、大蝼（一种昆虫，褐色，有翅，生活在泥土中）的异兆，故黄帝属土，禹时草木到了秋冬天仍不枯萎，故禹属木，因木胜土，所以黄帝最终被禹所取代。

在战国七雄互相争战、前景不定的情况下，邹衍凭借着他的"五德终始说"，确立了自己政治预言家的地位，从而受到赵、魏、燕等诸侯国国君的礼遇，这与孔孟游学时处处受困的情况截然不同，在诸子之中是非常少见的。他曾在齐宣王晚年和齐闵王时期做过齐国的上大夫，后因齐闵王的性情变得十分暴戾，而不得不离开齐国去了梁国。为了表示对邹衍的重视，梁惠王曾亲自率领文武百官到郊外以宾主之礼迎接他。后来，邹衍到了燕国，燕昭王为他修建了一个碣（jié）石宫，像对待老师那样尊敬他。在燕惠王继位期间，邹衍曾被诬下狱，后出狱回到齐国，"六月飞霜"的故事就发生在这个时期。

阴阳五行学说对后来的古代唯物主义哲学有着深远的影响，也对古代天文学、气象学、医学、化学、算学等的发展具有重要的推动作用。汉武帝罢黜百家、独尊儒术后，阴阳家的学说被儒家、道家所吸收，独立学派的阴阳家不复存在。作为阴阳家的杰出代表，邹衍一生著作很多，但遗憾的是其作品大都已经失落在历史长河中，我们只能从残存的零星史料中去走近他、了解他。

佛教的产生和传入

佛教是世界三大宗教之一，国内几乎所有的名山大川都有佛教寺院的身影，且千百年来一直僧徒众多，香火不断。即使是在科技高度发达、人们普遍缺乏信仰的今天，去寺院参拜祈福的善男信女们也数量众多，挤得寺院人满为患。佛教虽然在中国极受推崇，但它并不是中国土生土长的本土宗教，而是"外来的和尚"。

佛教最早产生于公元前5世纪~公元前6世纪处于奴隶制度下的古印度。那时的古印度，社会动荡，雅利安人自中亚细亚进入印度河流域，征服了印度土著民族，创立了森严的社会等级制度。当时，社会人群被分为四个等级，第一等人是宗教祭祀，称为婆罗门；第二等人是国王、贵族、武士阶层，称为刹帝利；第三等人是农民、手工业者、工商业者、高利贷商人等，称为吠舍；第四等人是非雅利安的土著部落平民，地位低下，称为首陀罗；而被称为贱民的奴隶根本没有被划分到人的范畴内。

当时印度社会上的主要宗教是婆罗门教，宣扬婆罗门至上的思想，说梵天大神用口造婆罗门，用手造刹帝利，用双腿造吠舍，用双脚造首陀罗，因此才有了各阶层的等级差别。这种精神统治法在我国古代也一直存在，中国古代的统治者为了突出自己统治地位的合理性，对女娲造人的传说进行穿凿附会，宣扬君主和贵族是女娲用手捏出来的，而普通百姓是女娲用柳枝甩出的泥水形成的。更狠的是，婆罗门教还说，人们的社会阶层是由梵天大神决定的，永世不可改变，如果不信仰婆罗门或违反种姓规定，就会轮回转生为下等贱民或牲畜。在那时的印度，不仅国王、酋长等贵族要受婆罗门的压迫，听从婆罗门的统治，为婆罗门的各种祭祀提供大量财物，奴隶和下层人民更是长期生活在水深火热中，痛苦不堪。

在这种情况下，为了寻找解脱痛苦的方法，释迦（jiā）族的一位年轻人乔达摩·悉达多创立了佛教。传说，乔达摩·悉达多曾是小国迦毗（pí）罗卫国国王净饭王的太子，为了消除印度四个阶级的不平等待遇，帮助人类解除苦难，他在二十九岁时抛弃人间的荣华富贵，进入深山修行。经过六年苦行僧式的生活，乔达摩·悉达多端坐在菩提树下，终于大彻大悟成为佛陀，被尊称为释迦牟尼。释迦牟尼佛证道以后，在印度和恒河两岸说法传教四十九年，到八十岁时从容圆寂，其思想教义被其弟子记录下来，汇成大乘佛法经典约三千部、小乘佛法经典约二千部。

明代宋旭所绘的《达摩面壁图》

佛教虽然吸收了原来婆罗门教的生死轮回和因果报应的思想，但它反对按照人的出身确定一个人的等级和命运，认为人人都可以通过自身的努力修成佛陀。其最根本的教义就是所谓"四圣谛（dì）"，即圣人所知的四种真理，分别为苦圣谛、集圣谛、灭圣谛、道圣谛。"苦圣谛"说明人生活在世上要受生、老、病、死、怨憎会、爱别离、求不得、五阴炽盛等八种苦难。"集圣谛"说明产生"苦"的原因，即人的各种欲望，包括对长生、权力、淫乐等的欲望。"灭圣谛"即消灭苦，认为只要消灭欲望，就能达到永超轮回的"极乐世界"，即所谓的"涅槃"。"道圣谛"说的是佛教修道的方法和途径，认为人要达到"涅槃的境界"必须修"八正道"，即"正见"（正确的信仰）、"正思"（正确的思考）、"正语"（正确的言论）、"正业"（正确的行为）、"正名"（正确的生活）、"正精进"（正确的努力）、"正念"（正确的思想）和正定（专心致志的修行）。

"六道轮回"也是佛教的基本理论之一。所谓"六道"是指天道、人道、阿修罗道（阿修罗指一种鬼怪恶神）、地狱道、饿鬼道、畜生道。根据佛教的说法，世间一切有生命的东西都在六道中不断轮回，只有佛、菩萨、罗汉才能跳出三界，不受轮回之苦，又说任何人通过修行都可以成为佛陀。佛教还宣扬，人只有信佛、做善事，才能在死后升入天界，享尽寿福，如果做了坏事，死后就会落入地狱道、饿鬼道或畜生道，受尽苦难。

  佛教这种麻痹人民、把幸福和希望寄托在来世的思想，不仅很容易就被印度居民所接受，更受到当时的统治阶层的大力推崇。那些奴隶主贵族和国王们纷纷捐款捐物，广建庙宇。印度孔雀王朝阿育王在位时，佛教还被定为国教，佛教的传教活动也得到阿育王的大力支持，因此佛教迅速在印度各地及东南亚其他国家流传开来，逐步发展成为世界三大宗教之一。虽然在今天的印度，佛教已经在时光的流逝中没落下去，但是在东南亚其他国家，它在宗教界中的地位一直稳如磐石，不可动摇。

  那么佛教是何时传入中国的呢？具体的年份已经不可考证，但可以明确的是，东汉时期佛教已经在中国牢固扎根。说起佛教的传入，还有一个很有名的故事，历史上称作"永平求法"。据说，东汉永平年间，汉明帝刘庄晚上做了一个梦，梦见一位金色会发光的天神降落在皇宫御殿前，汉明帝正要上前施礼，却见那仙人腾空而起，向西飞去。第二天，汉明帝想起梦中场景，非常疑惑，不知所梦何人，就向文武百官咨询。当时的太史傅毅博学多才，他对汉明帝说："听说西方的天竺（即印度）有一位得道的天神，有一丈六尺那么高，他遍体金色，浑身散发光芒，且神通广大，能自由飞翔，被人称作佛。陛下梦见的，可能就是这位神仙。"听了太史的话，汉明帝顿生求佛之心，马上组织人马去西域求取佛法。三年后，历尽千难万险的求经者同两位印度僧人迦叶摩腾

清代刘观鹏所绘的《无量寿佛》。表现佛祖如来显灵的情景

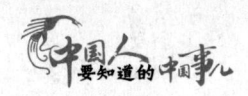

和竺法兰一起回到洛阳，并用白马驮回大批经书和佛像。汉明帝大为高兴，为了安置这些佛经和两位高僧，他下令在首都洛阳建起白马寺，这也是我国有史记载的第一座佛教寺院。

在中国统治阶级的大力推崇下，佛教从东汉时期传入我国至今，一直是我国人民的主要信仰。或帝王派遣，或高僧个人自发组织的取经活动一直不断，人们耳熟能详的四大名著之一《西游记》就以唐代玄藏法师的取经故事为原型。不少西域的佛教学者，如安世高、安玄、支娄迦谶（chèn）、竺佛朔、康孟详等相继来到中国，他们翻译佛典，广兴法事，将佛教传播到了华夏各地。不仅许多帝王将相、饱学大儒加入了信佛的行列，普通百姓们更是对它深信不疑，"家家阿弥陀，户户观世音"说的就是佛教在中国广泛传播的盛景。

佛教的传入，对我国的思想、文化、艺术都产生了相当深远的影响，经过两千多年的发展，佛教已经成为中国传统文化的重要组成部分。后来，佛教由中国传入朝鲜和日本，也不断影响着那里的文化发展。毫无疑问，如果没有佛教的传入，这些国家今天的　　　文化和社会习俗肯定又会是截然不同的另外一种样子了。

王充的唯物论

据说,东汉文学家、书法家、才女蔡文姬的父亲蔡邕(yōng),有一次去浙江,看到一本奇书,翻阅之后如获至宝,就偷偷地把那本书藏了起来,秘密带回家中,天天研读。过了不久,蔡邕的朋友发现蔡邕从浙江回来之后,学问突然之间突飞猛进,觉得非常奇怪,猜想蔡邕手上可能有什么秘密法宝,便去他家寻根究底。翻找了一圈,果然在蔡邕的床头隐蔽处发现了一本书,他怕蔡邕不给他看,抢了几卷就走。蔡邕见拦不住,就急忙叮嘱他说:"这本书我可以和你分享,但你千万不要外传。"朋友回家之后急忙翻阅,阅后也不禁衷心感叹说:"真是一本奇书啊!"这本被人称为奇书的著作就是《论衡》,由东汉时期著名唯物主义思想家王充花费三十多年时间,倾注毕生心血创作而成。

王充(27年—97年),字仲任,"汉世三杰"之一,其先祖曾做过地方官,但没多久就因与地方豪强发生矛盾而被贬为平民,到了王充那一代,家里已经基本破落得不成样子,成了以种田养桑为业的"孤门细族"。王充从小勤奋好学,六岁开始识字,八岁进书馆学习,因学习成绩好,二十岁时就来到京都洛阳,进入当时的最高学府太学求学,从师于著名的历史学家班彪。在洛阳期间,他因家贫买不起书,只好经常到书摊上去读书,著名的古代儿童启蒙教材之一的《千字文》中就记载了一个"耽读玩市,寓目囊箱"的典故,说的就是王充的求学故事。

王充看书时非常专心,眼里只有书箱里的书,即使是在喧嚣的闹市之中,也能视而不见,充耳不闻,一心沉浸在书的境界中。有一次,他经过一家书坊,看到几本想看的书,就一本本地翻阅起来。过了很长时间,书坊老板看他一动不动地站在那里,一看就是半天,就问他要买哪一本,王充不好意思地说自己买不起，老板就疑惑地问："只是这么翻看一下能学到什么东西呢？"王充自信地说："当然能学到东西，我还能背下来呢！"老板很不相信，就跟他打赌说："如果你能背出来，我就把书送给你，如果背不出，以后就不要再来白看了。"王充很爽快地答应了。结果老板问了好多内容，他都对答如流。老板非常惊讶，大为钦佩，不仅把书送给了王充，还允许他随时可以去书坊看书。正是凭借着这种全心投入、过目不忘的本领，王充博览群书，通晓了诸子百家的著作，成了一位博学多才的大儒。

王充也曾抱着"学而优则仕"的想法，做过几任州、县的中等官吏，但因不满官场黑暗，就辞官回乡，绝了求仕之心。辞官后，王充在家闭门谢客，深入思索，开始著书立说。王充是一个不论做什么事都极为专注的人，在著书期间，他谢绝了一切庆贺、吊丧等社会活动，在窗户旁、墙壁上随处放置笔砚，一有什么体会感悟或思想火花，就随手记录下来。他一生著作很多，但流传下来的只有《论衡》一书，王充的唯物主义思想在此书中得到了充分体现。

西汉时期，董仲舒提出的唯心主义哲学思想成为当时的社会主流，其核心是"天人感应"说。董仲舒认为天是人类的主宰，天有意识地创造了万物。他极力宣扬"君权神授"，认为皇帝是天选出来的代言人，皇帝代表天来行使权力，统治百姓。这种说法广为流传，形成"谶纬"之学。到了东汉时代，儒家学说吸收了神秘主义的"谶纬"之术。"谶纬"、"儒术"之学深受统治者欢迎，历代皇帝都曾利用它来提高自己的身价，宣扬自身专制统治的合理性。《论衡》一书对这种"儒术"和"谶纬"学说进行了毫不留情的批判。在《论衡》中，王充坚持唯物主义观点，否定了天是有意识的存在，认为上天创造万物、主宰人类社

东汉时期的绿釉陶水亭

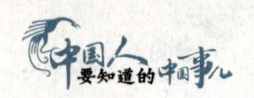

会的事情根本不存在。他说,天地万物是由一种"气"组成的,日食、月食、打雷、下雨等一切异象都是"气"变化的结果。他认为,天没有意识性活动,不可能有目的地创造万物,天也没有喜怒哀乐,不会通过降灾来警告统治者和被统治者。由此可见,天只是一种自然的存在,没有所谓的有意识的"天","君权神授"的说法更是子虚乌有。正因为《论衡》一书公然反对汉代的儒家正统思想,公然向孔孟圣贤发难,所以一直遭到当时以及后来的历代统治者的冷遇、攻击和禁锢,被看成一本大逆不道的"异书"。

宋代陆信忠所绘的《地藏十王图》

《论衡》一书还对封建的鬼神迷信思想给予了尖锐的批判。他认为,世界上根本就没有鬼的存在。人们通常所说的灵魂就是"精神",人的精神依附于人的"形体"而存在,一旦人的肉体死了,"精神"即人的灵魂也就不存在了,不可能变成所谓的"鬼",更不会出现鬼害人的事。他说,花草树木、小猫小狗都有生有死,如果有鬼的话,为什么独独只有人能变成鬼?同样的,他认为人们心目中的神佛也是不存在的。有一个"王充破佛"的故事到今天仍在流传。

话说有一天,王充看见大街上围了一群人,挤进去一看,发现是一个老道士在身前摆了一尊如来金佛,自称能请如来佛祖为人算命,只要说出事由,金佛就可为人卜测吉凶,若大吉,金佛会不断点头,若不吉,佛像则会一动不动。王充为了一探究竟,就问:"我打算去做生意,不知道能不能成功?"老道手拿金戒尺,口中念念有词,围着金佛转了几圈,金佛当即连连点头。老道忙恭喜他说:"佛祖已经发话了,你做生意肯定会发财!"并要了王充三两纹银。因为看出了老道的破绽,到了第二天,王充又带了一个泥塑金佛找到老道,对老道说:"请给我试试这个如来菩萨灵不灵。"老道一下子急出满头汗，半天说不出话来，连忙灰溜溜地逃走了。围着的人都不知道是怎么回事，王充就解释说，老道的金佛是铁的，头部是活动的，那金戒尺一头是铁一头是磁石，只要磁石的一头靠近佛像，佛像的头就会晃动，反之，则一动不动。人们听了，恍然大悟，才知道上了老道的当。

从这个故事也可以看出，王充不仅是一个大哲学家、大思想家，还是一个具有丰富科学知识的人，《论衡》收录了王充对运动、力、热、静电、磁、雷电、声音等现象的研究和分析，可以说是我国古代的一部"百科全书"。王充认为，人能发出声音，就和鱼引起水的波动一样，声音的传播，就好比水波的传播。我们今天的声学认为，声音是物体振动产生的，要靠一定的物质来传播。这种观点和王充的看法是完全一致的。到了十七世纪，欧洲人波义耳才提出空气是传播声音的媒介，比王充的认识晚了一千六百年。

在那个科技极端落后、封建迷信思想盛行的时代，王充的唯物思想和《论衡》像崩山裂石的一声巨响，给当时社会的颓风陋俗带来极大冲击，在我国的古代思想史上留下了浓墨重彩的一笔。

原始道教的形成

与佛教不同，道教是我国土生土长、规模宏大的一种宗教，距今已有一千八百余年的历史。道教的内容十分丰富，具有鲜明的中国特色，它的形成和流传对中华文化的各个方面都产生了十分深远的影响。

道教的形成是一个长期的历史过程，最早可以追溯到上古时期的自然崇拜和鬼神崇拜。出于对强大的自然之力的不解和畏惧，我国古代先民产生了对自然的崇拜，他们不仅崇拜山、崇拜水、崇拜风雨雷电，发展到后来，还认为万物有灵，进而崇拜灵魂、崇拜祖先。他们将祖先与天神合一，赋予其神的色彩，这点从上古时期流传下来的神话传说中就可以明显看出。追根溯源，道教的始祖可以追溯到上古时代中华民族的祖宗——黄帝。

明代王仲玉所绘的《陶渊明像》

从古到今，追求长寿长生，都是人们的美好愿望。传说，黄帝晚年时对自己的衰老感到非常烦恼，并把自己的烦恼告诉了浮丘公。浮丘公对他说："世间万物都有生有死，只有神仙才能长生不老。"于是为了求得长生，黄帝萌生了求仙问道的想法。后来，有人跟他说，崆峒山上住了一位叫广成子的神仙，已经活了一千二百多岁。听到这个消息，黄帝大喜，立马赶到崆峒山去向广成子讨教成仙长生的方法。广

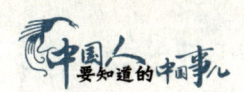

成子告诉他说:"只有保持平和的心境,坚持修炼,才能实现长生不老,与天地同寿。"黄帝听了广成子的话大为高兴,便跟随广成子开始学道。后来为救治百姓,黄帝要铸鼎炼丹,在鼎终于铸成的时候,有黄色巨龙从天而降,迎接黄帝飞升成仙。

道教不同于先秦时期的道家学派。道家学派起始于春秋时期的老子,道家认为,"道"是世界万物的本原,主张自然无为,老子所讲的"道",都是看不见、摸不着、听不到的精神上的东西,属于一种哲学学派。直到东汉末期,"黄老"一词才与神仙崇拜这样的概念结合在一起,后来道教尊奉老子为教主,尊称他为"太上老君"。与道家相比,道教是一种宗教信仰,它在道家黄老学说的基础上,把中国传统的鬼神观念、修炼方术和谶纬神学等内容杂揉在一起,于东汉中后期形成独具中国特色的本土宗教。

神仙,是道教思想的集中体现。在久远的原始社会,已经有人开始学仙,如黄帝。到了战国时期,神仙信仰已经深入人心。怕死是人的本能,对于历代统治阶级的最高代表——皇帝来说,死更是一件难以接受的事情,所以为了求得长生,为了能够永远享受骄奢淫逸的生活,不少统治者都想方设法地寻找长生不老的办法。为了迎合统治阶级的这种贪婪的奢望,战国时代的方士们编造出了很多的"仙山"、"仙丹",如传说海上有蓬莱、方丈、瀛洲三座仙山,山上住着许多神仙,如果能够到达仙山见到仙人,就能求得长生不老的仙丹。从白居易笔下的"忽闻海上有仙山,山在虚无缥缈间"到苏东坡的"东方云海空复空,群仙出没空明中",都是在描述海外仙山的存在。

从战国中后期到汉武帝时,在方士们的大力鼓吹下,在帝王将相的鼎力支持下,中国历史上掀起了轰轰烈烈的入海寻找仙山和不死药的活动,像齐威王、齐宣王、燕昭王、秦始皇、汉武帝等都曾派出队伍,入海寻药。秦始皇在位时,曾多次派方士去海上寻找蓬莱、方丈、瀛洲三座仙山,都以失败告终。其中规模最大的一次是派方士徐福,带领数千童男童女、五谷种子和各种工艺匠人入海求仙,结果徐福一去不回,他们的最终去向至今是谜。汉武帝时,他听信方士服食丹药可以长生的说法,命方士专门为其炼制丹药服用。后又听方士说可以像黄帝那样通过封禅求得长生,于是汉武帝又上泰山去封禅。这种独特的神仙信仰一直流传和发展下来,到东汉中晚期的时候,道教继承了这种思想，并使之成为道教信仰的核心内容。

道教以"道"名教，沿袭了中国传统的信仰习惯，形成了一个包括"天"、"地"、"人"、"鬼"在内的复杂的神灵系统。在道教的教义中，"天"既指现实中的宇宙，也指神仙们居住的地方。他们宣称，天界共有三十六重，有四大天门，有数不尽的琼楼玉宇，有各种天神、天尊，还有天兵天将。"地"既指现实中的地球和万物，也指鬼魂受难的地方，即地狱。道教的地狱一词来源于佛教，在道教中，地狱也有十八层，由东岳大帝执掌地府，下设七十二司，各有相关的阎罗王和鬼卒。"人"既指作为总称的人类，也指单个的个人。"鬼"指的是人死后的形态。求仙长生可以说是道教追求的最高目标。

道教的最终形成有两个标志性的事件：一是《太平经》的流传，一是张道陵的五斗米道。

道教的第一部正式经典是《太平经》。《太平经》，又称《太子清领书》，以道家黄老学说为基本思想，又大量吸收了秦汉以来的神仙方术、阴阳五行、谶纬（迷信的人指将要应验的预言）神学等，内容十分庞杂。它利用宗教大量宣扬封建的忠君事亲思想，目标是实现太平盛世。东汉末年，宦官外戚专权，豪强兼并土地，阶级矛盾十分尖锐，张角奉《太平经》为经典，建立了太平道，并迅速发展起来。之后，张角利用太平道发动了大规模的农民起义，他们声称，"苍天已死，黄天当立，岁在甲子，天下大吉"，即汉王朝理应灭亡，取代它的将是黄巾起义军，就在甲子年，即184年（起义军起义那一年），天下就会太平了。因为他们起义时以头裹黄巾作为标志，所以被人称为黄巾军。这次起义被镇压后，太平道遭到严重打击，但是这种宗教活动仍在民间秘密流传了下来。

元代的《张道陵像》

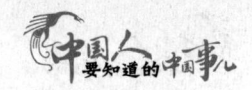

五斗米道,与太平道的兴起在同一时期,其创始人是张道陵。据说,张道陵到四川鹤鸣山修道,用符水和中草药为人治病,凡入道者出五斗米,因此号称"五斗米道"。又由于张道陵自称受太上老君之命充任"天师",所以后来又称"天师道",张道陵就成为后世传说的张天师。五斗米道把老子的《道德经》作为主要经典。张道陵死后,他的儿子张衡继续传道,张衡死后又由他的儿子张鲁继承,经过张道陵到张鲁三代的传道,又加上与地方军阀势力的结合,五斗米道在川北、汉中有很大的势力。张鲁利用道教统治汉中长达三十年,直到建安二十年(215年)才被曹操所灭。

东汉末年形成的五斗米道和太平道,宗教活动的内容还比较简单,主要是以阴阳五行、巫术迷信、鬼神崇拜为主,还没有形成系统的教理。魏晋以后,经过统治阶层的不断利用和改造,道教的发展开始成熟,成了为封建统治服务的宗教正统。作为中国传统文化的重要组成部分,道教对中国社会的影响是巨大而深远的。

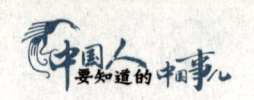

何晏与王弼开创玄学

玄学又称形而上学，产生于魏晋，是通过对《老子》、《庄子》和《周易》三部传统经典的研究与解说而创建的，是道家和儒家相融合而产生的一种哲学文化思潮。一般认为，玄学的演变、发展，大体上经历了四个阶段：以何晏、王弼（bì）为代表的正始时期；以嵇康、阮籍为代表的竹林时期；以裴頠（wěi）、郭象为代表的元康时期；以道安、张湛为代表的东晋时期。这里我们单说何晏与王弼。

何晏（约193年—249年），字平叔，是南阳郡苑县（今河南省南阳市）人，祖父是东汉的大将军何进。他幼年丧父，七岁时，母亲被当时任司空（古代官职，汉代司空相当于宰相）的曹操纳为妾，他也被曹操收养。何晏年少时就聪慧过人，喜欢谈论老庄之言，显得才华横溢，很得曹操的宠爱。

何晏不仅才俊美，是历史上有名的美男子。有一个"傅粉何郎"的典故，说的是魏明帝怀疑何晏面容细腻洁白是搽白粉的缘故，就在一个大热天赏赐他热汤面吃。吃了不一会儿，何晏便大汗淋漓，不停擦汗。可他擦完汗后，脸色显得更白了，明帝这才相信他没有搽粉，而是"天姿"白美，自然生成。

长大后，何晏娶了曹操的女

汉武帝

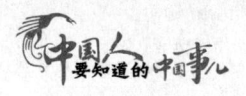

儿金乡公主为妻，被赐爵为列侯。虽然何晏曾做过散骑侍郎、侍中、吏部尚书等，但他恃才傲物，任人唯亲，还贪赃枉法，基本没什么政绩可言。后来，曹操族孙曹爽在同司马懿争夺政权的斗争中失败被杀，依附曹爽的何晏等人也一同遇害。

王弼（226年—249年），字辅嗣，是魏国山阳（今山东省济宁、鱼台、金乡一带）人，同何晏相比，他更加年轻有为。王弼出身官僚世家，其曾外祖父是东汉末年号称"八俊"之一的荆州牧（荆州的最高官员，州相当于现在的省）刘表。据记载，东汉末年天下大乱的时候，王弼的祖父王凯与其族弟王粲（càn）为了躲避战乱来到荆州，投靠了刘表。刘表非常看重王粲的才华，为了笼络人才，刘表想把女儿嫁给王粲为妻，但是又嫌王粲形貌丑陋，不是做女婿的好人选，最后想来想去，就把女儿嫁给了容貌俊秀的王凯。而王弼就是王凯之孙，刘表之曾外孙。

王弼天资聪颖，十几岁就迷上了老庄思想，能言善辩。太有才的人往往会自视甚高，瞧不起人，王弼不仅恃才自傲，十分张扬，还常常笑话别人，所以很不讨人喜欢，也招致士大夫们的忌恨。王弼的父亲曾经在何晏手下供职，有一天，何晏见到王弼，交谈后大为感慨地说："孔夫子曾说过'后生可畏'这句话，今天看见你，才知果然如此。这下，总算有人可以同我谈那些玄妙的哲学问题了。"

何晏对王弼非常赏识，遂把王弼推荐给当时执政的曹爽，让他当上了尚书郎。何晏遇害时，王弼受到连累，被免去公职，当年秋天病逝，年仅二十四岁。

虽然何晏和王弼在仕途上没什么作为，但在学术方面，他们继承传统而又不囿于传统，竞相清谈，大开玄学之风气，史称"正始之音"。何晏和王弼是早期玄学的创始人和主要代表，由他们掀起的玄学之风在社会上产生了广泛而深远的影响，成为魏晋时期的主要哲学思潮。

"玄学"在魏晋时期产生，不是偶然的，而是有着特定的时代背景和社会原因。两汉时期，自汉武帝罢黜百家，独尊儒术以后，儒家学说成为社会正统。读书人为了求得功名，获得官职和富贵，纷纷钻研儒家经典，这使儒学成为当时士人入仕的主要途径。学习儒家经典，遵守儒教规范，逐渐成为社会风气。这种风气愈演愈烈，发展到后来，甚至有人为了解释儒家经典中的一个字或者一个句子，就洋洋洒洒地写上五千余言甚至上万字。这种烦琐的经学逐渐引起越来越多的不满与批评。

东汉中后期，社会环境每况愈下，外戚宦官交相把持政权，敢于同戚宦斗争的士人遭到政治暴力的摧残与压迫，党锢之祸频发。正直的知识分子们开始发表"清议"，针砭时政。东汉分裂后，各路军阀争战不断，士大夫们对纷乱的社会现实深感失望，进一步助长了清谈之风。到了魏晋时期，曹氏、司马氏两大政治集团之间展开激烈交锋，血腥残杀不断，士人们对黑暗社会严重不满，渴望和平与安宁，对无力改变的社会现状深感痛苦与无奈。在这种情况下，士大夫们抛弃了一本正经的儒学名教和烦琐的汉代经学，开始用老庄思想来解释儒家经典，玄学开始登上历史舞台，并逐步取代了经学的地位。

宋代的《柳荫高士图》

作为玄学的早期代表，何晏和王弼的思想大体上是一致的。回答世界的本质问题时，两人都主张"贵无论"。何、王二人进一步发展了老子、庄子"道"生万物的思想，把含有"有"和"无"两种属性的"道"等同于"无"。他们认为，无为本，有为用，"无"是世界的根本，是世界统一性的基础。"无"产生"有"，"无"是"有"存在的根据，天地万物，即"有"都必须依赖"无"而存在。同时，"无"也离不开"有"，因为"有"是"无"的外部表现和作用。这种"无中生有"的理论在一定程度上揭示了现象与本质的关系，是对老庄"道生万物"的哲学理论的继承和发展。

何、王还通过对动静关系的论述来证明其"贵无论"。他们认为，静是根本的，动是相对的，动只是静的变化状态，动的结果必然归于静。他们还创造性地提出一对哲学范畴"本"、"末"，并把"无"、"静"视为

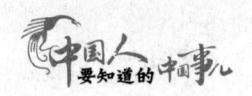

"本"，"有"、"动"看成"末"。这种"贵无主静"的哲学主张，真实地反映了那个时代士人们向往安宁、向往超脱的美好愿望。

在言和意的关系问题上，王弼提出"得意忘象"论。他认为在有形的现象世界中，语言并不能完全表达人的思想和客观事物，当我们使用某些字词时，便受到那些字词的语意法则的限制。这种理论揭示了认识问题上的辩证法：人们可以通过概念、语言来表达对象，又必须抛开概念、语言的束缚，从根本上把握对象；可以通过认识现象来理解事物的内在本质，又必须抛开现象的迷惑来把握事物的本质。王弼清楚区分了"言"、"象"、"意"的不同，对于如何处理语言和思想的关系具有很大启示。

在儒家礼教与自然的关系上，他们提出"名教出于自然"，应该按照"自然"的原则来对待"名教"。所谓"名教"，指的是儒家提倡的封建道德规范。在他们看来，只要符合自然、无为的原则，制定"名教"并要人们遵守是完全必要的。所以在政治伦理观方面，何、王主张顺应自然，无为而治，认为统治者在进行管理时，应当顺应老百姓的本性，不能损民，也无需益民，就能让百姓过上幸福生活。

何晏、王弼作为正始时期清谈的领袖人物，是魏晋以来玄学风气的开创者。他们的思想突破了两汉以来宇宙本原论的框架，指明了魏晋玄学的发展方向。一直到西晋灭亡，偏安江南的东晋建立以后，他们还被认为是清谈的祖师爷。

魏晋的言意之辩

汉代统治衰败之时，烦琐的经学也随之衰败，到了汉魏之际，人们在把握儒家经典的精神实质时，开始突破教条主义和文字章句的限制，于是经典中的言和意的关系就成为魏晋玄学讨论的一个重要问题。

"言"指语句、判断，泛指人们的语言，"意"指反映事物本质的思想观念，言意之辩就是关于人的语言能不能充分表达和描述事物本质的争论。在一般的哲学史家看来，言意之辩就是可知论和不可知论之间的论争，属于唯物主义和唯心主义之间的对垒。早在先秦时期，《周易》、《论语》、《老子》、《庄子》等著作中就有关于言意关系的记载。到了魏晋时期，关于言意关系的争论更加突出和激烈，出现了三种不同的理论观点，一是以荀粲为代表的"言不尽意论"，二是以欧阳建为代表的"言尽意论"，三是以王弼为代表的"得意忘象论"。

魏晋清谈名士谢玄像

荀粲（约209年—238年），字奉倩，三国时期魏国帐下首席谋臣荀彧的幼子。他从小就聪慧过人，成年玄理名噪一时。当时军曹洪有一个女儿，以美貌闻名。荀粲娶了曹洪之女后，夫妻两人非常恩爱。不料成亲没多久，妻子就因病去世。荀粲对爱妻痴心一片，受不了丧妻的打击，悲伤之下，也一病不起，不久就随妻而去，去世时仅有二十九岁。

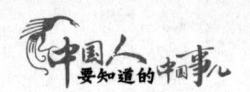

荀粲崇尚道家学说，主张"言不尽意"，认为语言不能完全表达意义和思想。他认为，大道乃圣人的一种心得或境界，圣人对天道的论述是无法耳闻或言传的，所以流传下来的《诗经》、《尚书》、《周礼》、《易经》等经典都不是大道本身，只不过是圣人丢弃的糟粕而已。有人反驳他说："《易经》记载，圣人可以通过设立卦象来表现易的深意，并用语言来表达易的内容，这不就是可闻可见吗？"荀粲回答说："言辞所表达的内容是有限的，那些精微深奥的大道理，很难用语言或图像来显示。"这种把"言"和"意"明显分裂的看法，忽视言意之间相辅相成的紧密联系，过于片面。

欧阳建（269年—300年），字坚石，冀州人，西晋巨富石崇的外甥。他虽然出身名门，但从小好学，极有才名，当时人们流传着一句话，"渤海赫赫，欧阳坚石"，对其赞誉有加。欧阳建曾任尚书郎、冯翊（今陕西省大荔县）太守，颇有政绩。赵王司马伦专权时，他曾上书皇帝，历数司马伦的罪状，还与潘岳（即潘安，西晋文学家，历史上著名的美男子）一起偷偷劝淮南王司马允诛杀司马伦，因此狠狠得罪了司马伦。司马伦发动政变后，欧阳建全家不论老少全被斩首。欧阳建死时年仅三十二岁，他临刑前所作《临终诗》中说："上负慈母恩，痛酷摧心肝。下顾所怜女，恻恻心中酸。"哀戚之情溢于言表。

欧阳建反对当时社会上流行的"言不尽意"说，是主张"言尽意"说的一个杰出代表，著有《言尽意论》一文。《言尽意论》虽只有短短的三百余字，却把"言尽意"的主张分析论证得条理清晰、入木三分。他把主张"言不尽意"的人称为"雷同君子"，把自己称为"违众先生"，认为语言完全可以表达人的思想或事物的本质。他认为，事物是不能改变的客观存在，名称、语言等并不能改变事物，但语言是对思维和事物的反映和描述，人们头脑内的思维和道理、客观存在的事物到底是什么样的，所有这一切都需要通过语言来表达。如果没有语言，人们相互之间就没法交流，事物如果没有名称加以区分，人们就没法清楚地辨识它们，名称和语言是人们传达思想的工具。他还认为，名称和语言是随着事物及其规律的变化而变化的，就像影子总是依附于形体一样，名称、语言和事物是完全一致的，完全可以表达事物。他的这种观点片面夸大了"言"和"意"的一致性，而忽视了"言"不能完全准确地反映"意"的客观事实。

与荀粲、欧阳建的两种极端看法不同，玄学清谈之风的创始人王弼提出了比较中庸的"得意忘象说"。他一方面肯定了名称、语言具有表达意义的能力，名称、语言能够反映人的思维或客观事物；另一方面又强调名称、语言只是表达意义的手段，在把握事物本质时，要注意破除名称、语言的束缚，也就是所谓的"得意在忘象，得象在忘言"。以易卦为例，在他看来，卦言来自卦象，卦象表达卦意，一旦人们理解了卦象，就可以抛开卦言，如果明白了卦意，卦象也可以不予理会。也就是说，人们既要通过概念、语言来思考和反映现象，又必须抛开语言文字的束缚，从根本上把握现象；既要通过认识现象来理解本质，又必须抛开现象的迷惑，从根本上把握对象的本质。

长久以来，言意之辩一直是中国古代文化中的一个重要命题。它不仅是一种知识论，更是一种人生哲学。言意之辩对中国古代文艺理论的发展，对中国古代的诗歌、绘画、戏曲、音乐等文学艺术的创作以及中国传统文学艺术的特点的形成，都产生了极为深远的影响，一直到今天，言意之辩及其影响仍然是人们关注和讨论的热点问题。

明代仇英所绘的《竹林品古图》

"小仙翁"葛洪和他的神仙理论

葛洪（284年—363年），字稚川，自号抱朴子，晋代丹阳郡句容（今江苏省句容县）人，是三国时著名方士、道家四大天师之一葛玄的侄孙，东晋时期著名的道教理论家、炼丹家、医药学家，世人尊称葛洪为"小仙翁"。葛洪在学贯百家的基础上，进一步发展了丹鼎派的仙道学说，开创了岭南道教这一新流派，是道教历史上一位里程碑式的人物。

葛洪出身江南士族，小时候家境富裕，极受父母宠爱。但他十三岁时，父亲去世，家道迅速中落，生活极为贫困。据说，当时葛家穷得连仆人都请不起了，只能事事自己动手，通过披星戴月地勤勉种田来维持生活。因为贫穷，吃饭都成问题，所以纸笔肯定也是买不起的，葛洪就靠自己砍柴卖柴来筹集购买纸笔的钱，晚上也只能就着柴火的微光书写，一张纸往往是正面用完了，反面接着用，因为纸薄且两面有字，除了葛洪本人，一般没人能看懂纸上写了什么。

葛洪家中曾数次失火，父辈们收藏下来的典籍很多都被烧毁了，所以葛洪只能借别人的书看。因为书是借来的，不能久留，每次借到书，他都是马上抄写下来，在说好的时间还回去，从不拖延。有时候家中有事，时间紧张，他就一夜不睡，就着微弱的柴火加班加点地抄写。正因为他言而有信，周围的人都愿意把书借给他。到二十岁左右的时候，葛洪就因学识渊博而远近闻名了。

从十六岁起，葛洪就开始读《论语》、《孝经》、《诗经》、《易经》等儒家经典，尤其喜欢"神仙导养之法"，后来就跟随葛玄的弟子郑隐学习炼丹术，因成绩优异，很受老师的器重。据说，当时郑隐的弟子有五十多人，郑隐只向葛洪一人传授过《三皇内文》等炼丹秘籍，其他资质普通的弟

明代张灵所绘的《招仙图》(局部)

子有的连看一眼这些秘籍的机会都没有。

司马睿做丞相时，葛洪曾做过一段时间的官，还被赐爵关内侯。后来听说交趾（又名交阯，中国古代地名，位于今越南境内，越南古称交趾国）那个地方出产丹砂，就请求到交趾郡的勾漏县做地方官。后来，葛洪携带家眷到了广州，在广东惠州罗浮山隐居炼丹。他在罗浮山住了十三年，在那儿，他广建道教宫观，潜心修行，钻研炼丹术，著书立说，授徒讲学，开创了岭南道教流派。葛洪的妻子鲍姑是我国第一位女针灸家，在她的协助下，葛洪写下了流传后世的《神仙传》、《抱朴子》、《肘后备急方》、《西京杂记》等著作。葛洪八十一岁时，坐睡而卒，人称尸解成仙。

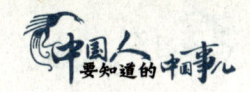

葛洪继承并改造了早期道教的神仙理论，是魏晋以来神仙道教最杰出的代表和集大成者，其基本思想都能从《抱朴子》中得以体现。《抱朴子》确立了道教的神仙理论体系，是研究我国晋代以前道教史和思想史的宝贵资料，分内、外两篇。

《抱朴子内篇》说的都是一些神仙方药、鬼怪变化、养生延年、驱邪避祸的事情，主要包括论证神仙的存在、分析丹药的制作和应用、研究各种方术的运用、介绍道经的各种书目、说明修炼的方法等内容。

在内篇中，葛洪全面系统地总结了晋以前的神仙理论和神仙方术，还将神仙方术与儒家的纲常名教相结合，主张神仙养生为内，儒术应世为外，并强调说，如果一个人想要求仙，就必须以儒家倡导的忠、孝、仁、信等为本，先修德行。如果不修德行，一味地依赖方术丹药，不可能达到长生的境界。只有严格遵守道教戒律，积德行善，以一颗慈悲心待人待物，才能得到上天的赐福，才有成功求仙的希望。

葛洪既想追随本心，远离尘世烦扰，又不愿独善其身，只求得个人的安乐。因此，他主张在现实社会生活中，在建功立业、有所作为的过程中，追求精神的解脱和肉体的飞升，正如他所说："上士得道于三军，中士得道于都市，下士得道于山林。"

葛洪一生都在钻研炼丹之术，在炼丹方面极有成就。在《抱朴子内篇》的《金丹》和《黄白》卷中，记载了大量的古代炼丹之

清代任颐所绘的《道家炼石图》

法，晋以前的炼丹成就都在文中有所记载，比较清楚地反映了古代炼丹术的发展历史。这些内容对后世炼丹术的发展起到极大的推动作用，也为我们了解古代化学的发展提供了重要史料。

《抱朴子外篇》说的都是人间得失方面的事，主要谈论社会上的各种事情。葛洪对魏晋以来的玄学清谈风气极为不满，认为文章应该与德行并重，言论主张应该有助于社会教化。同时，他还提倡严刑峻法，认为在乱世时期只有采用严刑峻法才能管理好国家和百姓。他在书中还建议当权者要任人唯贤、爱护百姓、勤俭节约，要操纵好文武百官，独掌权势。

作为东晋时期著名的道教领袖，葛洪擅长炼丹和医术，不仅对道教理论的发展作出了重大贡献，而且在医学、化学、文学等领域也多有建树。如他的医学著作《肘后备急方》，是一本可以常备于肘后的应急小册子，书中收集了大量的救急用的医学方子，不仅写得简明易懂，而且药材便宜易得。葛洪还在炼制水银的过程中发现了一些化学现象，如化学反应的可逆性；雌黄（三硫化二砷）和雄黄（五硫化二砷）加热升华，直接成为结晶等。

虎溪三笑

以雄、奇、险、秀闻名于世的庐山，素有"匡庐奇秀甲天下"之美誉。它不仅是久负盛名的避暑游览胜地，而且是历史悠久、蜚声中外的佛法名山。"虎溪三笑"就是一个发生在庐山的传说。相传东晋佛门高僧慧远在庐山东林寺研修佛法时，每次散步或送客从不越虎溪，一旦越溪，寺后的老虎就会吼叫起来，虎溪因此而得名。有一次，大诗人陶渊明和道士陆静修来拜访他，由于相互之间谈得十分投契，在送两人下山的时候，慧远不知不觉就越过了虎溪，这时虎啸声立刻从寺后传来，三人这才醒过神，纷纷大笑而别。

"虎溪三笑"的故事，反映了佛、道、儒三教相互交融的一面，为历代名士所欣赏。这儿所说的三教之"教"并不是指宗教的"教"，这里用的是它的初始语义，指的是一种教化和教义，三教，指的就是佛、道、儒三家。唐代诗仙李白就曾根据"虎溪三笑"的故事，作了一首《别东林寺僧》，诗曰："东林送客处，月出白猿啼。笑别庐山远，何烦过虎溪。"清代瓷艺术家唐英还在东林寺三笑庭上写了一副对联："桥跨虎溪，三教三源流，三人三笑语；莲开僧舍，一花一世界，一叶一如来。"

魏晋南北朝时期，是佛、道、儒

明代朱见深所绘的《一团和气图》。表现了佛、道、儒"三教合一"的主题

三教论战全面展开、融合全面加深的重要阶段。在这一时期，儒学失去了两汉时期儒学独尊、经学盛行的优势，开始慢慢衰落，逐步形成佛、道、儒三教并存共进的发展局面。佛、道、儒三教各自都得到很大的发展和进步，随着各自地位的提高，三教之间的争论范围也越来越广，还出现了很多专门讨论三教关系的论著。在当时的社会上，不仅三教的教众、弟子相互之间展开激烈辩论，作为统治阶级代表的帝王也对三教关系非常关注，有的还直接参与或组织专门讨论三教关系的活动。

这个时期的佛教，通过与魏晋玄学的交融，开始在社会各界发挥着越来越重要的作用，不仅仅是在思想界，它在政治上的诸多作用也开始被统治者们所认识。魏晋南北朝时期是一个多政权的大分裂时期，出现了许多大大小小的独立政权，朝代更替的速度也十分频繁。从东晋到宋齐梁陈各个朝代，大部分帝王都十分推崇佛教。当时的宋文帝就十分明白地说："如果全国的人都来信佛，人人都忙着做善事，不去闹事，那么整个国家就太平了！"国家太平了，他这个做皇帝的也就能在皇位上坐得更稳了。到了梁代，梁武帝对佛教的推崇更上一层楼，他信佛后，以佛教治国，不仅自己不近女色，不吃荤，还要求全国效仿，自己还多次入寺做和尚，是历史上有名的佞佛之帝。可见，当时的统治者们已经对佛教的特殊教化功能有了十分明确的认识。佛教受到统治者们的

清代上官周所绘的《人物故事图》。画面上为东晋僧人

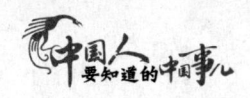

大力支持和推广，进入了飞速发展的黄金时期。佛教的快速发展，必然会给代表中国传统文化的道、儒两家带来极大冲击，因此三者之间的矛盾也在不断激化。

长期以来，儒学一直是封建社会的主流意识形态，是中国文化的主导，虽然到魏晋南北朝时期，儒学有所衰落，既没有出现什么有名的儒学大家，也没有形成什么有影响的儒家学派，但它实际上的文化正统地位一直没有改变，儒学始终是国学，儒家经典始终是官方教育的法定内容。在当时的社会上，儒学的伦理道德规范也仍然是人们普遍遵从的主要社会道德规范。在魏晋南北朝时期，政权更替频繁，而且出现了很多少数民族政权，帝王政策也在佛、道、儒之间经常发生变动。如北周时期的周武王在位时就明确宣布，在佛、道、儒三教中，应当以儒学为主，把儒学作为第一位，其次是道教，最后才是佛教。这可以看作是统治者们对儒家正统地位的重新认定。

魏晋南北朝时期，对于道教来说，是由原来的民间化向贵族化发展的过程。前面已经介绍过，道教起源于民间，而且最初的时候往往和民间起义联系紧密，如道教成立之初的黄巾起义，所以这一时期的统治者们对道教的态度十分微妙，一方面，既想限制道教的发展，防止民间反对势力依托道教的力量发动叛乱；另一方面，还想拉拢、扶植和利用道教势力，打算将道教改造成皇帝手中的统治工具。所以这一时期的帝王们对待道教的态度也差异很大，如北魏太武帝对道教以拉拢利用为主，而北魏孝明帝却坚决主张崇佛抑道。虽然道教在这个时期完成了由民间向官方的转化，成为帝王统治的辅助工具，但是因为道教的势力从总体上看不如佛教，又一直以中华文化的传承者自居，把儒家看作自己的盟友，所以并没有受到统治者和另外两方太过严厉的压制和打击。

虽然三教之间展开了激烈竞争，但是由于三教并存的局面并没有被打破，且三教各自得到了相当大的发展，所以这一时期，反对三教争伐、主张三教一致的呼声也十分响亮。如东晋时的儒家代表人物孙绰、晋宋之际的佛教徒宗炳、南齐时的道教徒张融等。在帝王中，也有人主张三教一致论，最有代表性的就是梁武帝，他提出了"三教同源说"。

慧远的《沙门不敬王者论》

慧远（334年—416年），是我国东晋时期著名的佛学大师，《沙门不敬王者论》是他的重要佛教哲学论文。说到慧远，对佛教或历史不了解的人可能会觉得很陌生，但是他所创建的四字真经，即"阿弥陀佛"，相信不论老少，不论是否是佛教徒，都对其耳熟能详，而创建四字真经只是其一生伟业中非常微小的一部分。

慧远俗姓贾，出身于书香之家，自小聪明伶俐，勤奋好学，十三岁时就跟着舅父到许昌、洛阳等地游学，读了大量的儒家和道家典籍，年纪轻轻就才名远播。东晋时期政治动乱，社会黑暗，很多高人宁愿隐居也不愿入仕为官，名扬大江南北的儒学大师范宣子就是其中之一。志在儒学的慧远一直想像范宣子那样，隐居避世。但是由于当时社会动荡激烈，中原地区陷入极大混乱，慧远去江东的计划一直没能实行。慧远二十一岁时，听说佛教道安大师在太行山宣传佛法，就同弟弟慧持一起去太行山听道安大师讲经。听了道安大师讲解的《般若经》后，慧远顿悟真谛，豁然开朗，他感慨地说："我现在才知道，跟佛学比起来，儒学、道教等诸多学说都不过是糠秕（bǐ，比喻没有价值的东西）而已！"于是他毅然落发出家，开始跟随道安大师学习佛法。

慧远出家后，一心研习佛法，毫不懈怠，佛法修为与日俱增，进展神速，在一众弟子中表现极为突出，成为道安大师最为得意的弟子。道安大师常常赞叹地说："将佛法传遍中国的伟大使命，只能依靠慧远来实现了！"修习佛法三年后，慧远二十四岁的时候，就已经能够独自讲经说法。有一次，慧远在讲经的时候，有听众表示不能理解，他就援引了人们比较熟悉的《庄子》的义理做例子，使听众一听就很容易地理解和领悟了。从此之后，道安大师特许慧远的儒道典籍。

晋孝武帝太元三年（378年），前秦苻丕围攻襄阳，正与弟子一起在襄阳传教的道安大师为了使徒众免遭战祸，于是派遣弟子分散到各地去传经布教，慧远也听从师傅的安排，准备南下。临行前，道安大师对弟子们一一叮嘱勉励，唯独没跟慧远说一句话。慧远觉得非常伤心，就跪到师傅面前说："师傅，您独独不训诫我，是因为对我有什么不满吗？"道安大师笑着说："像你这样优秀的弟子，我哪还需要不放心地再三叮嘱呢！"于是，慧远一行人就告别师傅开始南下。从此，直到慧远去世，都没能与师傅再见上一面。

慧远本打算去罗浮山（今广东境内）静修佛法、弘扬佛学，结果走到半路，路过庐山时，见庐山峰险山奇、风景秀美，觉得正是修行的好地方，就打消了去罗浮山的念头，决定在庐山定居。慧远在庐山建起了龙泉寺，潜心修行。说起龙泉寺，还有一个有趣的传说。传说慧远率众人刚到庐山不久，为选择一处合适的建寺地址，天天与众弟子在林涧之间穿行。有一次大家走了很久，半路上停下休息的时候，都觉得非常口渴，慧远就站起来说："如果此处适合建立寺院，就请赐予我神力，即出佳泉！"说完，便用锡杖掘地，果然涌出一股清泉，于是，慧远就率领众人在泉水旁边建起寺院。寺院建成不久，天下大旱，慧远率众在泉水边诵经祈雨，随即便有巨龙从泉中腾空而去，不一会就下起大雨，龙泉之名便是由此得来。

没过几年，慕名而来的高僧名士越来越多，龙泉寺便显得过于狭小和拥挤了。于是，慧远在江州刺史桓伊的资助下，在庐山东侧建起东林寺，以供大家修行讲学和研讨交流用。传说，东林寺建寺之初，因木材不够用，眼看

明代丁云鹏所绘的《六祖像图》。主人公为南宗创始人慧能

就要延误工期，慧远为此十分苦恼，结果晚上睡觉的时候，梦见一位山神对他说："此山钟灵毓秀，足以供神佛居住，希望你能留在这儿，不要到其他地方去！"当天晚上风雨交加，电闪雷鸣，殿前的水池中涌出许多上好的木材，于是东林寺就顺利而快速地建造起来了。为了纪念这件事情，涌出木材的水池被取名为出木池，建成的大殿被称为神运宝殿。

　　后来，受慧远的德行感召，汇聚东林寺的各方名士越来越多，许多人都是舍弃了世间的功名利禄，来跟随大师专心修行的。在那儿，慧远曾与刘遗民等一百二十余人，在无量寿佛前发誓，大家一起潜修佛法，以求共往西方极乐世界，并约定，那些早到西方极乐净土的，要帮助和提携后进者。这是佛教历史上最早的结社。因为集会前慧远曾率众在东林寺前开凿水渠，专门种植白莲，因而又被称作"白莲社"。这次结社以往生西方极乐世界为目的，开启了佛教净土宗的新流派，慧远被看成是净土宗的初祖，东林寺也成为净土宗的著名发源地之一。

　　慧远在庐山定居时，主张众生平等、只敬神佛的佛教已经在江南有了很大的势力。但当时的佛教界内部也良莠不齐，出现许多不正之风，如有的僧人为谋私利，趋炎附势，迎合权贵，有的甚至参与弄权，导致政治动乱。看到这种情况，慧远既气愤，又担忧。虽然慧远坚决主张不介入政事，但他与当时政治上的许多重要人物一直保持着友好的交往，受到上层统治者的敬重。当时，东晋安帝曾专门写信问候他，后秦的统治者姚兴也经常向其赠送礼物，后来夺取东晋政权的桓（huán）玄也曾与他多次进行书信往来。

　　东晋安帝元兴年间，当时官居太尉的桓玄下教令淘汰沙门中的不良分子，他在教令中特别指出，只有庐山慧远大师所在的寺院不在搜

清代罗聘所绘的《二僧坐禅图》

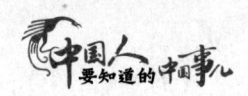

查淘汰的范围内。桓玄还打算令沙门僧人一律对王者敬礼，并就此事写信给慧远，征求他的意见。慧远收到信后，及时作了答复，他一方面承认当前佛教界的不正之风危害十分严重，另一方面又提出要尊重佛教徒的个人意愿与修行方式。他还随信附上了一篇《沙门不敬王者论》，来表述自己对"沙门礼敬王者"的不同意见。《沙门不敬王者论》一共包括《在家》、《出家》、《求宗不顺化》、《体极不兼应》和《形尽神不灭》五篇。慧远认为，对沙门是否应该礼敬王者的问题，应该视不同情况区别对待，对那些在家修行的佛教徒，应当要求他们遵纪守法、礼敬王者，而那些出家修行的僧人，是方外之人，则不应该以世俗礼法要求他们，不应该让他们和世俗的权力扯上关系。他还说，佛法和儒教礼法的根本宗旨都是一样的，所以按佛法修行与遵守儒教礼法之间并不矛盾。他的回信言辞恳切，有理有据，最终打动了桓玄，建议被桓玄所采纳。

慧远潜居庐山后，历时三十余年，不出庐山一步，每每送客必止步于虎溪，即使帝王相邀，亦称病不出，一心一意专注于净土修行和著书弘教，用自己的高尚德行树立起佛教高僧的光辉形象和良好榜样。在他八十三岁时，大师自知尘缘将尽，安然坐化于东林寺。作为德高望重的佛学大师，慧远为佛教在中国的广泛传播做出了突出贡献，在佛教界有着举足轻重的地位，自晋至宋，仅历代帝王给予他的谥号追荐就达五次之多。

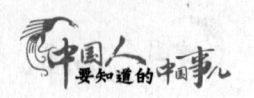

范缜和《神灭论》

南北朝时期，佛教盛行，唐代诗人杜牧在勾画南北朝时期的信佛盛景时，就曾在《江南春》一诗中写道："南朝四百八十寺，多少楼台烟雨中。"随着佛教和道教的快速发展，生死轮回、因果报应和神魔鬼怪的封建迷信思想充斥着社会的各个角落。在这种迷信思想喧嚣尘上的时候，南北朝时期著名的唯物主义思想家、杰出的无神论者范缜（zhěn），以一本石破天惊的传世名作《神灭论》，向封建迷信思想展开了激烈抨击。

范缜（约450年—515年），出身于江南士族家庭，是东晋时安北将军范汪的第六代孙。虽然范缜的祖上曾经显贵一时，但是到范缜一辈时，家族已经衰败，几乎没人在朝中做官。在范缜很小的时候，他的父亲就因病去世，所以家中更是贫寒，他一直与母亲相依为命，因此对母亲十分孝顺，并以孝谨闻名乡里。

范缜从小就勤奋好学，十几岁时，就拜当时的儒学大师刘瓛（huán）为师。他学业优异，出类拔萃，受到老师的另眼相看，在他二十岁的时候，老师刘瓛还亲自为他行加冠礼，以示对他的器重。当时，刘瓛在学术界具有很高的地位，拜在他门下的弟子很多都是有钱有势的贵族子弟，他们出则有骏马豪车，用则有锦衣玉食，非常狂妄自大。范缜在刘瓛门下学习的那几年，从来都是步行，穿的也只是布衣草鞋，但他并不因此自卑，相反，他性格耿直，喜欢直言不讳，敢于发表"危言高论"，对周围的权贵们从不低头，显得卓尔不群。

通过多年的学习，范缜在儒学经术方面取得了不小的成就，对《周礼》、《仪礼》、《礼记》尤其精通。虽然范缜才高八斗、满腹经纶，但在刘宋（中国南北朝时代南朝的第一个朝代，因国君姓刘，又称刘宋）时期,也就是他二十多岁的青年时期,范缜却一直很不得志,抑郁使得他不到三十就早生华发,他写下了《伤暮诗》、《白发咏》等来抒发怀才不遇的苦闷心情。萧齐禅代刘宋后,范缜终于等来了命运的转机,当上了尚书殿中郎,还代表齐国出使北魏,并在那儿留下了学识渊博、才思敏捷的美名。

当时的社会上,佛教十分盛行,不仅普通百姓中信徒无数,在统治阶级中也广受推崇。齐朝竟陵王萧子良就经常在家中召集名僧,谈论佛法,有时甚至会不顾宰相的身份,亲自为僧侣们端茶上菜。他经常在京都鸡笼山西侧的官宅里举办名人雅士的集会,这些名士也跟萧子良一样,几乎都是佛教徒。当时,范缜也是受邀的名士之一,作为一位无神论者,他对其他人信仰和宣扬的那些灵魂不灭、轮回转世、因果报应之说嗤之以鼻,他坚称无佛,大唱反调。为了矫正范缜的"错误思想",萧子良和那些信仰佛教的名士们同范缜展开了一场大辩论。

萧子良问范缜:"虽然你不信因果报应之说,但如果不是因为因果报应,世界上又怎么会有富贵和贫贱的划分呢?"范缜回答他说:"人的一生就好比一棵树上开出来的花,一样的树枝上开满了一样的花,当大风吹来的时候,有的花会穿过窗帘落到席垫之上,有的花则会飘过墙头落到那粪坑之中。那些落到席垫上的,就好比殿下这样的贵人,那些落到粪坑之中的,就是像我这样的人。贵贱虽然有不同,但是所谓的因果又在什么地方呢?"在范缜看来,决定人生富贵贫贱的,并不是什么因果报应,而是偶然的际遇。范缜的这一番话,说得萧子良哑口无言。

之后不久,范缜就写出了著名的《神灭论》,来系统地阐述自己的无神论观点。范缜在《神灭论》中提出了"形"、"神"对立统一的观点。在这

清代金廷标所绘的《罗汉图》

儿,"形"指的是人的身体,"神"指的是精神灵魂。范缜认为,精神和身体虽是不同的存在,但二者是紧密联系在一起,不能进行分割的,就是因为身体存在,才有精神的存在,如果身体衰亡了,精神也就会随之消失。他还指出,人的生死和草木的枯荣一样,都是自然存在的,都是先有生、有荣,才有死、有枯,变化之间有其客观规律性。在认识论问题上,他把人的精神活动分为"痛痒之知"和"是非之知",即感觉和思维两个方面,并将二者看作人的精神活动的整体,认为人的口、眼、耳、鼻、手、足担负着不同的感知职能。

有感于当时全国各地大建佛寺、劳民伤财的社会现实,范缜在《神灭论》的最后部分说:"为什么人们现在宁愿倾尽家财去求神拜佛,也不愿意去救济亲友、扶危济困呢?就是因为那些宁愿求神拜佛的人,既想获得积善的美名,又想从神佛那儿得到好处,而那些穷亲戚们,不能给他们带来什么好处,自然只能遭到他们的冷眼和漠视。佛教害国害民,弊端无数,要想富民强国,必须远离佛教的荼毒。"

《神灭论》一问世,就在社会上引起轰动,士林学子们争相传抄。萧子良慌忙召集众僧名士轮番围攻范缜。当时的太原名士王琰讥讽范缜说:"范缜,你不信鬼神,不就是连自己的祖先都不要了吗?"范缜当即反驳说:"王琰,你既然知道自己祖先的神灵在哪儿,

宋代的《大傩图》。表现了民间驱除厉鬼的风俗

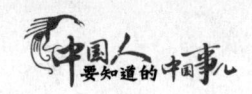

为什么不自杀去追随他们呢？"王琰无言以对，败下阵来。萧子良一看争不过范缜，就又换了一计，让名士王融去范缜那儿，对范缜说："你如果坚持你的邪说，一定会身败名裂，如果放弃，凭你的才华，当个中书郎肯定一点问题没有。"范缜听后，哈哈大笑，回答说："如果我愿意出卖自己的信仰，恐怕早当上尚书令了，还说什么中书郎呢！"最后，虽然萧子良一派人多势众，招数百出，对范缜神灭论思想的攻击却仍以失败告终。

齐明帝建武年间，范缜出任宜都太守，当地有许多神庙和祭祀活动，他上任后就广泛宣传神灭论，还明文规定，严禁举行祭祀活动。不久范缜的母亲去世，他以为母守丧的名义辞官回乡，从此直到梁初，都一直未再出仕。

梁武帝萧衍未称帝前和范缜都曾在萧子良的府上参与名士聚会，二人可以说是旧友。梁武帝当政后，范缜再次出仕，历任晋安太守、尚书左丞、中书郎等。但是梁武帝也和萧子良一样崇信佛教，还下诏宣布只有佛教才是"正道"。为了不让《神灭论》在更大范围内流传，在梁武帝的暗中组织和鼓动下，大量官员、高僧、名士开始对范缜的理论展开攻击，双方开始了一场声势浩大的论战。为了反击，范缜重新修订了《神灭论》一书，他据理力争，毫不妥协，敌人虽多，但无一人可折其锋芒。最后，他以一人之力，舌战群儒，取得了这场论战的最终胜利。对于范缜，梁武帝也深感无可奈何，最后只好把他晾在国家教育机构国子监，让他当了一名普通教官，直到范缜病逝，一直原地不动。

范缜一生坎坷，但他一直坚定信念，百折不挠，以顽强的意志同封建神学展开了不屈的斗争，他的《神灭论》是具有划时代意义的伟大作品，在我国古代思想史上，可以说是前无古人，后无来者。

刘峻与《辨命论》

刘峻（462年—521年），字孝标，本名法武，平原（今属山东）人，是南朝梁代著名学者、文学家，以注释刘义庆等编撰的《世说新语》而闻名于世，《辨命论》是其代表作品之一。刘峻作《辨命论》是为了说明人的贫穷低贱和富贵通达都是由天命决定的，既不是人本身能决定的事情，也不受鬼神的影响。

刘峻一生坎坷，还没有满月的时候，曾任官府小吏的父亲就病逝了。母亲只能带着他和哥哥回到故乡，从此母子三人艰难度日。刘峻八岁的时候，北魏胡人的铁蹄踏进了他的故乡，他和母亲逃亡不及，被乱兵掠走，作为奴隶卖到中山（今河北省定县）。当时，有一位不大不小的富户刘实，为人比较宽厚，看刘峻年纪很小，瘦骨伶仃，又是同姓，便起了怜悯之心，将他和母亲赎了出来，并教他读书。不久，刘实听说刘峻的一位远房亲戚迁到附近，就将他们母子送至其亲戚家中。这时，北魏实行民族隔离政策，汉族人在社会上很受歧视和欺压，刘峻因为叔父仍在宋朝担任武将的缘故，受到更为严厉的管制，母子俩被要求迁移到更加偏远的地方。

清代康涛所绘的《贤母图》

因为生活实在艰难，刘峻母子还到寺庙里做了一段时间的僧尼，等后来时局好些了二人才又还俗。

虽然一直处在颠沛流离之中，但刘峻一直没有放下学业，非常勤奋好学，晚上没钱买油灯，就点燃麻杆照明，读书时间长了，昏昏欲睡的时候经常会被火苗烧到头发，每当这时，他就惊醒过来，揉揉脸，接着读。到齐武帝永明年间，不堪忍受北魏严苛统治的刘峻母子，历尽千难万苦，跋山涉水回到江南建康，那时的刘峻已经二十五岁。回到建康后，受到建康浓郁文化氛围的影响，刘峻深感自己过去读的书太少，就开始发奋图强，博览群书，他求知若渴的学习劲头，震惊了很多人，被人称作"书淫"。

虽然刘峻极有才名，但他在仕途上一直很不得志。南朝梁建立初期，刘峻曾被召入仕，但是他书生气太重，不懂得溜须拍马、趋炎附势，很快就得罪了梁武帝，断送了自己的仕途。有一个"引短推长"的典故就源自于此。据载，南朝梁武帝萧衍自负才高八斗、学富五车，经常召集当时有名的文化人一起谈经论史，当时的文化名人范云、沈约等都比较精明，在梁武帝面前总是一味藏拙，表现得比较迟钝，让梁武帝觉得自己在学识上高人一等，从而龙颜大悦，经常赏赐他们。一次，梁武帝在别人说完后让刘峻也发表看法，刘峻毫不迟疑地要来纸笔，洋洋洒洒地写了十多条意见，件件切中时弊。在座之人都十分惊讶，梁武帝也非常嫉恨，深觉丢了面子，于是从此之后再也不召见刘峻了。这也是造成刘峻中年和晚年坎坷潦倒的重要原因。

刘峻是一个意志坚定、十分坚强的人，从来不愿向命运低头，但是命运却一次次地捉弄他，使他一生怀才不遇，几次遭弃。有一次，他偶然听到梁武帝对三国术士管辂（lù）"有奇才而位不达"的议论，深有所感，并由此展开了对人生和命运的思

梁武帝像

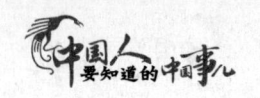

索。他认为前人如王充、司马迁、李康、郭象等在论述命运问题时存在许多不足之处，在分析前人观点的基础上，最终写成《辨命论》一文，详细阐释了自己对人生和命运的看法。

在《辨命论》中，刘峻指出，所谓命运，即生老病死和悲欢离合的人生际遇，都是客观性的存在，生来如此，并不是由鬼神来决定的，并以屈原、贾谊的怀才不遇、结局悲惨为例，说明命运的无常。他还说，所谓的因果循环、善恶有报一点根据都没有，都是骗人的话，不然为什么会有一些行善的人反而下场悲惨，行恶的人却能一直到死都作威作福呢？如果真有主张惩恶扬善的神佛存在，也就不会有这种事情存在了。神佛既是不存在的，那么人的命运也就不由神佛来决定。

在此基础上，刘峻进一步提出了人的命运是一种自然存在的客观必然的观点。他认为，往小了说，人长得是美是丑，活得是长是短，脑子是聪明还是愚笨，是命中注定的；从大的方面讲，王侯将相之所以成功上位，并不是因为他们智勇双全，而是因为他们命中注定有此际遇。他还说，有些人不论善恶，同遭劫难，如战国时期被秦军坑杀的四十万赵国俘虏，之所以同一时刻命丧黄泉，是因为命中注定；就如那些当官的人，在才学能力方面都差不多，但有的人能飞黄腾达，平步青云，有的人却屡遭贬斥，甚至抄家灭族，这些也都是命中注定的。他指出，帝王昏庸，奸臣当道，致使民不聊生、天下大乱，也是命中注定，如西晋末年天下大乱，少数民族入主中原，就是命中注定的。

刘峻对命运的这番议论，直接反映出他对皇帝昏庸、奸臣当道，并由此直接造成自己一生怀才不遇、际遇坎坷的愤怒和不满，也是对因果循环、善恶有报观点的驳斥和否定。虽然刘峻这种把一切变化和遭遇都归结于"命"的宿命论观点背离了辩证唯物主义的世界观和人生观，但是在社会动荡不安、人如浮萍、命如草芥的魏晋南北朝时期，提出这种观点也无可厚非。

《辨命论》因为写出了失意文人的心声，受到很多有相同际遇的文人学者的推崇。当时，博学多才的刘沼和刘峻是好朋友，他看过《辨命论》后，不太同意刘峻的看法，就给刘峻写了一封信，驳斥他的观点。收到信后，刘峻立马作了回复。可是过了很久，也没收到刘沼的回信。刘峻本打算亲自去拜访刘沼，但不幸的是，正赶上儿子病死的事情，他白发人送黑发人，伤心

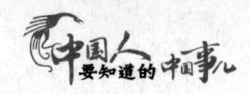

过度，未能成行。不久，有人拿着刘沼的回信找到刘峻，跟他说，此信是刘沼在生病的时候写的，因为写成没多久就因病去世，没来得及发信，所以才拖到这个时候送来。刘峻面对故友的遗信，很是悲痛，就写了《追答刘沼书》来悼念他。这封书信虽不到二百字，但字里行间处处流露出刘峻对逝去朋友的哀悼和思念之情。

　　刘峻一生坎坷不得志，最后只能默默归隐于金华山。在那儿，他一面讲学授徒，一面收集整理自己的文章。他在总结自己的一生时，发出"魂魄一去，将同秋草"的悲叹。不过刘峻是幸运的，他的"世不吾知"的感慨并没有成为现实，在他去世后，他的学生私谥他为"玄靖先生"，将他的作品传播开去，使刘峻在浩瀚的中国古代史上占据了不可轻忽的重要一章，至今仍影响深远，广为人知。

智者大师开创天台宗

智者大师（538年—597年），又称智颛（yǐ），字德安，是南朝陈、隋时代的一位高僧，中国佛教天台宗的开宗祖师。

智者大师俗姓陈，梁武帝大同四年（538年）七月出生于江陵。传说，大师出生前，其母有一次做梦，梦见有五彩霞光在怀中萦绕，觉得非常奇怪，就去请人占卜，占卜的人说，这光是白龙的光，你所怀的孩子能知凡间诸事，是有佛心之人。待到大师出生时，有神光闪烁，光耀周围邻居，所见之人无不称奇。父母据此瑞兆，给大师取小名为王道，又称光道。

从小时候起，智者大师就十分亲近佛法，每每见到佛像就去参拜，见到僧人就去行礼，还经常到寺庙中拜佛听经。十七岁时，他就在江陵城北长沙寺的佛像前发誓，立志出家，用一生精力弘扬佛法。次年，智者大师正式在湘州（今湖南省长沙市）果愿寺出家，师从法诸大师修习佛法。二十岁时，跟随慧旷大师学习佛门戒律，后又到湖北衡州大贤山专门学习法华三经，即《法华经》、《无量义经》和《观普贤引法经》，只用了两旬也就是二十多天的时间，就领悟到法华三经中的奥义。

智者大师二十三岁时，听说声名远扬的慧思禅师要南下去光州（今河南省光山县）大苏山，就不顾连绵不断的战火一路赶到大苏山，向慧思讨教佛法，并拜其为师。他在慧思禅师处潜心研习《法华经》，因太过专心投入，常常读着读着就有所感悟，进入禅定之境。智者大师在佛法上的修为进展神速，深受慧思禅师的喜爱和赞扬，没过几年就开始代替师傅说法讲经，慧思称赞他"说法人中最为第一"。

经过七年的勤学苦练，到智者大师三十岁时，他在佛法方面已有所成，打算四处说法讲经，弘扬佛学。他向师傅慧思辞行时，师傅对他说："你和陈国有缘，如果到那儿去必有所获。"于是智者大师拜别师傅，带领三十多名僧人赶到陈国都城金陵（今南京市），住在锡瓦宫寺中。他在金陵住了八年，在这八年间，他一边潜心修行，一边弘扬佛法，金陵许多高僧名士都去听他讲经，无不对他的佛法修为心悦诚服。智者大师在金陵具有极高的人气和声望，有一次，他在锡瓦宫寺开讲《法华经》，陈宣帝为了听他讲经，特意罢朝一日，还命令文武百官一起前去听经，智者大师也从此名声大振。在此期间，智者大师在融合禅教各家理论的基础上，提出新的宗义和学说，为以后创立天台宗创造了条件。

陈宣帝太建七年（575年）时，年已三十八岁的智者大师，听说天台山环境清幽，非常适合静修，就决定离开金陵，去天台山潜心修行。同年秋天，虽然陈宣帝再三挽留，一众好友也再三劝说，但智者大师决心已下，仍然启程赶赴天台山，并在天台山北峰建起寺院，陈宣帝将其命名为修禅寺。两年后，陈宣帝听说智者大师在天台山清贫度日，就下诏用当地赋税供养修禅寺僧众。智者大师在天台山一住经十年，以《法华经》为宗要，逐步形成了自己的学术系统，为天台宗的建立奠定了坚实基础。

陈后主在位时，四十八岁的智者大师曾两次奉诏赴金陵，为皇室中人讲经授戒，陈后主尊其为国师。隋灭陈后，智者大师率弟子到荆湘一带弘扬佛法。晋王杨广任扬州总督时，曾在总督府设千僧会，邀请智者大师授菩萨戒，并赞扬大师曰："大师传佛法灯，称为智者。"从此"智者大师"的名号开始广为人知。

明代吴彬所绘的《达摩图》

其后几年，杨广曾多次奉迎智者大师到扬州讲经。开皇十七年（597年），杨广又遣人到天台山邀请大师到扬州讲经，行至半路，智者大师即因病去世，享年六十岁。智者大师生前一直想建一所寺庙作为天台宗的正式祖庭，但限于资金，迟迟无法动工。他临终前写了一封遗书给杨广，由弟子灌顶、普明二人于次年送至杨广处，信中说："不见寺成，瞑目成恨。"杨广读后极为感动，就按照大师遗愿，在天台山建起这座佛刹，名为天台寺。杨广称帝后，将智者大师奉为国师，并将天台寺改名为国清寺。智者大师一生中被两朝奉为国师，在历史上十分罕见，足以证明其佛法之精深、德行之伟大。

天台宗是中国佛教宗派之一，虽说天台宗自称有龙树、慧文、慧思、智𫖮等九祖相承，但它的实际创始人是智者大师，也就是智𫖮。因智者大师常居天台山，故名天台宗，天台山的国清寺为天台宗的祖庭。《法华经》是天台宗的主要教义根据，所以天台宗亦称为法华宗。智者大师在判教中将自己信奉的《法华经》列为佛的最高最后的说法，并以《法华经》的教旨为核心，著成《法华玄义》、《法华文句》、《摩诃止观》三部佛典，被奉为"天台三大部"。这三部佛典均由智者大师口述，

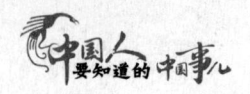

南宋直翁所绘的《六祖挟担图》

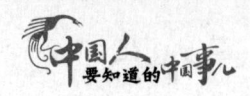

由其弟子灌顶记录成书。其中,《法华玄义》是以《法华经》为中心的佛学概论,《法华文句》是从因缘、约教释、本迹释、观心释四个层次对《法华经》作出的解释,《摩诃止观》则是关于修道的方法论。

智者大师晚年的思想结晶"一念三千说",是天台宗的中心思想,在天台宗的重要性不亚于当年释迦牟尼在菩提树下顿悟的真理。所谓一念三千,就是说人的一念之中足有三千诸法。智者大师说,人如果一念之间起了贪欲,就会落在地狱法界;如果一念之差起了怨恨之心,就会落在饿鬼法界;如果一念之间起了痴愚心,就会落到畜生法界;如果一念之间起了嫉妒心,就会落在阿修罗法界;如果一念之间起了五戒之心,就会落在人法界;如果一念之间起了善心,就会落在天法界;如果一念之间起了厌恶背离之心,就会落在声闻法界;如果一念之间起了因缘心,就会落在缘觉法界;如果一念之间起了感化他人的心思,就会落在菩萨法界;如果一念之间起了平等心,就会落在佛法界。他说,此十法界,界界互具成百法界,每一法界又有三十种世间,如此,便构成"一念三千"的道理。智者大师提出这种说法,目的是为了教人关注自己的一念之心,学会选择可从之道。

在智者大师的努力下,天台宗在当时得到了朝野的普遍支持和信奉,对隋唐以后成立的各家宗派产生了深远影响。公元九世纪初,天台宗传到日本,发展十分兴旺。一千四百多年来,天台宗虽几经兴衰,但仍延续至今,成为中国佛教的一个重要宗派。

胡灵太后崇佛误国

对古代那些深居后宫的女子来说，生个儿子，然后母凭子贵，是她们一生最大甚至是唯一的追求。但是北魏时期却正好相反，生儿子成了当时后宫嫔妃们最担心的事。这是因为自北魏王朝的开国皇帝道武帝拓跋珪（guī）开始，为了防止君主大权旁落，北魏王朝一直实行着严格的子贵母死的"杀母"政策，也就是说，一旦有皇子被立为太子，那么也就意味着他的生母活到头了。这项血腥的"祖制"一直延续了一百多年，直到北魏宣武帝时才有所改变。

这一百多年来，第一个改变子贵母死命运的幸运女子，就是后来的胡灵太后，北魏孝明帝的生母。但讽刺的是，恰恰是在她的身上，发生了北魏王朝列祖列宗一直担心和极力避免的事情。延昌四年（515年），北魏孝明帝幼年登基，胡灵太后靠着儿子的地位，最终手握大权，垂帘听政长达十三年，成为北魏晚期政治舞台上极为关键的人物。

胡灵太后掌权期间，大力推行佛教，因此北魏晚期的佛教盛极一时。她之所以如此崇扬佛教，跟她的人生经历脱不开关系，她一生中的几个重大转折点，都与佛教有着或多或少的联系。

在古代，一个女子要想嫁给皇帝，不仅要有才有貌，还要有显赫的家世，作为一个偏远地方长官的女儿，胡灵太后之所以能入宫，还是得益于佛教的影响。北魏时期，无论是达官显贵，还是普通百姓，都十分信奉佛教，胡家也不例外，胡灵太后的亲姑姑还出家做了尼姑。在家人特别是姑姑的影响下，胡灵太后从小就喜欢佛法，而且多才多艺，容貌气质都不错。在她十几岁的时候，她的姑姑已经是一个十分知名的女尼，经常有机会到宫中去给那些女官和嫔妃们讲佛经。在讲经的过程中，她努力和这些人搞好关系，并通过她们不断在宣武帝面前夸赞自己的侄女才气过人，貌美如花。听得多了，宣武帝就慢慢对胡氏产生了兴趣，遂把胡氏召入宫中，封为承华世妇（女官，地位低于嫔）。

胡灵太后之所以能从一个低级角色步步高升，不仅因为她通晓佛理，能投皇帝之所好，还因为她冒着子贵母死的危险，生了皇长子元诩（xǔ），也就是未来的孝明帝。虽然当时北魏后宫的嫔妃们只愿生公主，不敢生皇子，但胡灵太后对这种思想不屑一顾，她说："天子不能没有儿子，怎么能为了个人的私利而使皇家没有了嫡传的血脉呢？"宣武帝看胡灵太后这么有觉悟，大为高兴，对她更加看重。她怀孕之后，经常在佛前祈祷，希望能生个儿子。后来她果然得偿所愿，生了一个儿子，并因此被喜不自胜的宣武帝加封为充华嫔（妃嫔称号，为九嫔之末），备受宠爱。胡灵太后深感佛祖有灵，对佛教更是信服。

有元诩的时候，宣武帝已年近三十，对其他人来说已经是一个抱孙子的年纪，可惜的是，他在元诩之前有过两个儿子，都被害早夭，于是元诩便成了宣武帝的皇长子。宣武帝吸取了之前血的教训，把元诩重重保护起来，并在元诩三岁时，将他封为太子。以高皇后为首的一伙人，以子贵母死为由，要求宣武帝赐死胡灵太后。经过胡灵太后三年时间的洗脑，宣武帝已经对子贵母死的祖制不太在意，就没有听取高皇后的意见。直到宣武帝去世，高皇后仍在找机会暗杀胡灵太后，但在诸位亲王的反对下，一直未能得逞。元诩一继位，胡灵太后就被尊为皇太妃，进而再尊为皇太后。因为小皇帝只有五岁，胡灵太后便趁机垂帘听政，执掌天下。由此可见，胡灵太后能在阴险诡谲的宫斗中保得性命，并最终胜出，手握大权，心计和手腕肯定非同一般。

北魏王朝雄霸北方一百多年来，周边小国一直依附和进贡，且它和南朝

北魏时期的石雕佛像

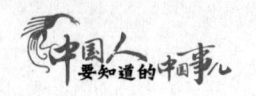

一直有贸易往来，所以到胡灵太后掌权时，正是北魏物资和钱财最为充盈的时期，这一点由社会上"斗富风气"的盛行就可见一斑。

胡灵太后一掌权，就在洛阳大兴佛事，还在宫城前的中心地带修建了洛阳城最为著名的永宁寺。后来流传下来的《洛阳伽蓝记》就对永宁寺作了详细的描述，其规模之宏大，建筑之奢侈，在我国古代建筑史上是绝无仅有的。可惜的是，同圆明园一样，永宁寺建成没几年就因为一场大火而毁于一旦。着火时，朝廷派了一千御林军前去救火，但最终无济于事，当时还有三个痴迷的和尚，自己扑到火中与寺同焚。据说，因永宁寺太大，大火一直烧了三个月都未熄灭，过了一年，还能从废墟上看到隐约的轻烟。

胡灵太后不仅建了永宁寺，还下命令要求各州以永宁寺为样板，大建佛寺。当时洛阳城内的王公贵族和权臣富豪为了讨好她，争相在洛阳建寺，个个建得雄伟壮丽。当时洛阳城内城外的佛寺随处可见，有一千三百多所，占整个城市建筑的三分之一。全国的寺庙更是遍地开花，超过三万所，耗费了大量的人力、物力和财力，百姓赋税日益沉重。

除了大建寺院以外，胡灵太后还广设斋会，经常给佛寺施舍大量财物。据载，胡灵太后之父死后，胡灵太后亲自下诏，在其父死后头七天，天天设下能供养千名僧人的斋会，在其父死后一百天，又设下能供养万名僧人的斋会，为其父祈福。同时，她为了弘扬佛法，还曾派崇立寺的惠生和尚和敦煌人宋云至印度取经。

当时的寺院，不仅能得到大量财物的施舍，还有免除徭役、兵役的特权，有吃有喝，还不用服役，这对一般的贫苦平民来说，实在是一个很有诱惑力的职业。于是，大量的平民涌进寺庙，争相出家，以躲避日益繁重的徭役。据统计，北魏时，全国的僧尼达到二百万，占北魏全部编户人口的十五分之一，实在令人匪夷所思。

与易毁的木质佛寺相比，佛门石窟更容易留传千古，所以胡灵太后一直对建造石窟的事业表示衷心支持。她经常在建设中的洛阳龙门石窟大兴法事，还曾率文武百官亲临龙门石窟，以示虔诚和重视。正是在她的大力支持下，洛阳龙门石窟的营建进入高潮期，涌现出一大批中小型窟龛，如来思九洞、地花洞、龙骧（xiāng）将军洞等，龙门石窟就是在这段时期得以基本完成。在她的支持下，她的故乡甘肃陇东也兴建起一大批石窟。

龙门石窟的佛像

　　胡太后迷信佛教，穷奢极欲，统治昏庸，导致国库空虚，民不聊生。正光四年（523年），长期戍守北边六镇的将士们（多为拓跋部贵族或中原宗室子弟），因待遇骤降而爆发起义，给北魏王朝带来致命打击。随后，外族入侵，内乱横生，北魏王朝岌岌可危。在这种情况下，胡灵太后还一味宠信奸人，使朝政更加腐败。她怕儿子长大后夺权，还谋杀了自己的亲儿子，也就是已经十九岁的孝明帝，另立一个三岁小儿为幼帝，使天下哗然。

　　不久，兵力强盛的部落贵族尔朱荣起兵进攻洛阳，胡灵太后连夜下令孝明帝的嫔妃全部剃发出家，自己也剃了个光头，企图以出家赎罪的名义逃脱一死。她的最后一计没有得逞，公元528年，尔朱荣攻进洛阳后，将她和三岁的幼主溺死于黄河，从实际上推翻了北魏政权。就这样，一个原本繁荣的富贵王朝，就被一个小小的后宫女子给三下五除二地折腾没了。

杨炫之与《洛阳伽蓝记》

伽蓝，为梵语"僧伽蓝"的略语，意思是僧侣居住的园林，也就是佛寺。《洛阳伽蓝记》就是一部记录北魏都城洛阳的佛寺兴衰情况的文章，由北魏散文家杨炫之所作。《洛阳伽蓝记》是北朝文坛上的旷世杰作，也是现存文学典籍中记录佛寺僧塔的典范，极富才情和创意，享有盛誉，与郦道元的《水经注》合称北魏文学的双璧。

杨炫之，杨又作阳，在有些典籍中也误作羊，是北魏时期北平（今河北省满城县）人，其生卒年月和家庭背景已经不可考证，现在能够知道的是，他博学能文，精通佛典，曾任北魏抚军府司马、秘书监，北齐期城（今河南省泌阳县）太守等官职。东魏时，杨炫之曾就佛教的诸多弊病，上书孝静帝，指出佛教虚无荒诞、劳民伤财，不良僧人以宣扬佛法为名谋取私利，给社会带来很大祸患。

北魏时期，在统治者的大力支持下，全国各地佛教盛行，从上到下，无论是皇亲贵族，还是普通百姓，人人沉迷于佛事之中。仅从佛寺的修建情况上，就可以看出当时佛教的影响之大，现存于世的许多名刹古寺，很大一部分都是建于魏晋南北朝时期，如著名的少林寺、灵隐寺、寒山寺等等。自北魏孝文帝迁都洛阳后，全国寺庙增加到三万多所，出家的和尚和尼姑有二百多万人。洛阳作为北方的政治、经济、文化中心，达到空前的繁荣。因为当时天子后妃带头礼佛，王公贵族也竞相参与佛事，在洛阳全盛时期，仅此一地就有佛寺一千三百余所，这些佛寺大多壮丽华美，有"甲于天下"之称。

太昌元年（532年），原尔朱荣的部将高欢消灭了尔朱氏势力，掌握了北魏政权。永熙三年（534年），孝武帝不愿作高欢控制的傀儡皇帝，逃往长安，投靠宇文泰。高欢随即立元善见为帝，即孝静帝，并把都城从洛阳迁到邺（今河北省临漳县西南），史称东魏。经过几次战火的洗礼，洛阳城繁华不再，城内佛寺更是半数以上都被损毁。迁都十三年后，杨炫之路过北魏旧都洛阳，看着当年王公贵族耗费巨资修建的佛寺大多已成废墟，再回想当年的壮丽巍峨、花团锦簇，内心十分感慨，于是便写了《洛阳伽蓝记》一书，记述洛阳佛寺之兴衰。他在《洛阳伽蓝记》的序文中写道："京城表里，凡有一千余寺，今日寥廓钟声罕闻，恐后世无传，故撰斯记。"其写作目的由此可见。

《洛阳伽蓝记》共五卷，按照城内、城东、城南、城西、城北的次序，依次描述了当时极负盛名的四十多所大伽蓝。以永宁寺为例，据杨炫之的记载，永宁寺建于公元516年，由北魏胡灵太后所建，是当时洛阳城内规模最大的一所寺院。佛殿中有高丈八尺的金像一座，中长身高的金像十座，全部是纯金打造的实心佛像。另外还有绣珠像三座，金织成像五座，玉像两座，共有僧房楼观一千余间。永宁寺还有宏伟的九层浮图（古时将佛教建筑概称为浮图，后渐转为专指高塔），有千尺之高，离京城百里之遥就能看到浮图的顶端。塔上有金宝瓶、承露金盘以及130个金铎（大铃，古代宣布政教法

东魏时期的石雕佛菩萨三尊立像

令用的，同时也是古代乐器）和5400枚金铃，铿锵之声，十里可闻。当时印度高僧菩提达摩来到洛阳，见到永宁寺后大为惊叹，他说："我已经150岁了，走过了很多国家，见过了无数的寺院，而像此寺这样精丽宏伟的，无论是在人间，还是在极佛境界，都是从未有过的！"仅此一寺，就可见我国北魏时期佛教之兴盛。

《洛阳伽蓝记》在重点介绍洛阳著名大寺院的同时，还对寺院周边的街巷、名胜古迹、人物风俗、传闻掌故有所记载，甚至于外商来洛阳居住的事和各国的风土人情，书中都有所涉猎。如第五卷《宋云惠生使西域》篇，记载的就是北魏神龟元年（518年）宋云、惠生西行取经的事。此书记载，宋云、惠生以使者身份去印度求取经书。他们走过了十几个国家，均受到热烈欢迎和隆重接待。回国时，带回大乘佛经一百七十多部，还详细记录了天竺佛迹、佛塔的所在方位，具有很高的史料价值。

杨炫之反对佛教，所以在《洛阳伽蓝记》中，借对洛阳佛寺兴衰的记述，对北朝豪门贵族和僧侣地主穷奢极欲、鱼肉百姓的行为进行了讽刺。他在《寿丘里》中记载，河间王元琛十分富有，自认比晋代第一大富翁石崇还要有钱，他对章武王元融说："不恨我不见石崇，只恨石崇不见我！"元融看过元琛的财产后，自愧不如，回家气得大病一场。杨炫之还在《高阳王寺》中记载，高阳王元雍身为丞相，"贵极人臣，富兼山海"，每顿饭都要花费数万钱，每次用餐，天上飞的、地上跑的、水里游的，各种珍馐美味能摆满方圆一丈之内。有"富倾天下"之称的李崇，

宋代梁楷所绘的《布袋和尚图》。布袋和尚为南宋禅宗，传说为弥勒和尚之化身

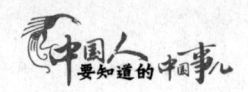

在元雍家吃过一次饭后,感叹地说:"高阳一食,敌我三日。"可见当时王侯的生活是如何奢侈。

《洛阳伽蓝记》中还记载,有一次北魏胡灵太后一高兴,就让随行的王公贵族一百多人随意从仓库中拿自己喜欢的绢布,数量不限。众人大喜,冲到仓库中,手拿肩背,左夹右扛,各出奇招,都使尽力气往家里搬。当时的尚书令李崇和章武王元融最为贪心,因为拿得太多,自己本身又没多少力气,结果没走几步就扑跌在地,一个伤了腰,一个扭了脚,真是丑态百出。

《洛阳伽蓝记》的内容十分丰富,还有对当时物产的记载,如"仙人枣"、"仙人桃"等;以及对一些怪异故事的记录,如《菩提寺》中就记载了一个死亡后埋葬十五年的人被挖出复活的故事,写得很像志怪小说。

纵览全书,《洛阳伽蓝记》涉及政治、经济、文化、社会生活等各个领域,内容生动丰富,叙事繁而不乱,语言洁净明快,文笔飘逸隽秀,格调高雅独特,是一部集历史、地理、佛教、文学于一身的经典名著。

北周武帝的灭佛行动

魏晋南北朝时期的英明君主十分少见，但杰出的少数民族领袖北周武帝就是其中之一。北周武帝宇文邕（543年—578年），字祢（mí）罗突，鲜卑族，是西魏王朝开国皇帝宇文泰的第四个儿子。他在位十八年，是南北朝时期著名的政治家和军事家。

宇文邕从小就聪明伶俐，极得宇文泰的宠爱，宇文泰还常常对人夸赞说："能完成我的大志向的，就是这个小四了！"可惜好景不长，宇文邕十三岁的时候，父亲宇文泰就因急病去世。宇文泰去世前，曾命自己的侄儿、当时四十三岁的大将军宇文护辅佐少主宇文觉。正当壮年的宇文护一向野心勃勃，他表面上表现得比较忠诚顺从，心中却一直有着自己的打算。

宇文泰死后第二年，宇文护拥立了宇文泰的嫡子、宇文邕的三哥宇文觉为皇帝，即孝闵帝，建立了北周政权。宇文护本打算趁少主年幼，独揽大权，可谁知宇文觉虽年龄不大，但性格刚烈，对他的专权十分不满，还经常与他作对。于是没过几个月，宇文护看宇文觉实在不服管教，就将他暗中毒死。这时，宇文护的羽翼还未完全丰满，有所顾忌，不得不按照"立嗣以嫡不以长，以长不以贤"（王位和财产必须由正室的儿子继承，即嫡子，没有嫡子的时候由年龄大的儿子继承）的老规矩，另立宇文泰的长子宇文毓（yù）为帝，也就是北周明帝。宇文毓虽然看上去温文尔雅，但十分机敏，很有主见，也不愿意受宇文护的掌控。宇文护十分精明，表面上假意将朝政归还，但仍紧抓兵权不放，使得宇文毓也对他无可奈何。过了四年，羽翼丰满的宇文护在一次国宴上派人将宇文毓毒死，宇文毓在临终前，当着群臣的面，大声口传遗诏，说将皇位传给自己的四弟宇文邕。这份遗诏知道的

明代吴彬所绘的《罗汉图》

人太多，宇文护也没办法更改，只得立当时已十七岁的宇文邕为第三位傀儡皇帝。

　　有了两位兄长的前车之鉴，刚刚登基的宇文邕，为了保得性命，明智地选择了韬光养晦，不仅对宇文护的杀兄之仇表现得一无所知的样子，还对宇文护言听计从，显得十分信任。有一次，他和大将侯莫陈崇一起去原州，夜间，宇文邕执意要赶回长安，别人都不明白发生了什么事，只有侯莫陈崇自作聪明地说："我前几天听占卜的人说，今年对宇文护十分不利，皇上车驾今夜忽还，肯定是宇文护死了。"宇文邕听说后，当着众大臣的面把侯莫陈崇大骂了一顿。当天夜里，胆敢诅咒宇文护的侯莫陈崇就被宇文护逼迫自杀了。

　　宇文邕这一隐忍就隐忍了十二年的时间，比康熙帝韬光养晦除鳌拜的时间还长了四年，足见其意志之坚、谋略之深。这十二年里，因为宇文护信仰佛教，为了表示对宇文护的信任，宇文邕也大力推崇佛教。公元572年，已经二十九岁的宇文邕看时机已经成熟，就设计杀死了宇文护，随后剪除其党羽，开始掌握实权。他掌权后做的第一件事，就是灭佛。

　　当时，北周的佛教徒已经成了社会的寄生虫，寺庙的和尚们不仅占有大量土地财富，而且不用交税和当兵，灾荒之年，还会趁机吞并人口和土地。不仅如此，大量劳动力都改行去做了和尚，社会生产能力受到极大破坏，严重威胁到国家的正常发展。

　　公元567年，在宇文邕还是个傀儡皇帝的时候，就有一个叫卫元嵩

（sōng）的人给他上书，提出了灭佛的建议。这个卫元嵩本是四川的一个和尚，他不但自己还了俗，还劝宇文邕灭佛。他说，像尧舜禹时没有佛教，国家也很安定，现在有了佛教，国家反而动荡不安，有些国家甚至因为佛教而灭国，可见信佛并不是一件好事，应该废除。道士张宾也上书请求废除佛教。这些意见正好迎合了皇帝的心思，不久之后，宇文邕先后召开了几次大会，让文武百官和僧人、道士齐聚一堂，讨论是否应该灭佛。但是当时佛教已经深入人心，加上宇文护的阻挠，四次关于灭佛的讨论都没能讨论出什么结果，最后不了了之，直到宇文邕掌握实权，关于灭佛的讨论才又得以继续推进。

宇文邕掌握实权后的第二年，又把大家召集到一起进行是否灭佛的讨论，并定出儒教第一、道教第二、佛教最末的排名，受到佛教众僧的大力反抗。一年后，宇文邕再次举行辩论会，在会上，佛、道两家又进行了十分激烈的争论。据说辩论时，道士张宾在与佛教智炫和尚的辩论中败下阵来，宇文邕为了利用道教打压佛教，就帮着张宾斥责佛门不净，智炫立即回答："道教之不净尤甚！"然后便是佛、道两家长篇大论的相互揭短。一听之下，原来还对道教怀有好感、只想斥斥佛教的宇文邕才恍然大悟，原来佛、道两家都不好。因此果断下诏："断佛、道二教，经像悉毁，罢沙门道士，并令还民。"

这项政策在宇文邕的大力推动下迅速在全国实施起来，一时之间，北周境内的经书、佛像尽被焚毁，寺庙土地被收回，祭祀供奉被取消，大量僧尼被迫还俗，种田的种田，当兵的当兵，不仅增加了国家的财力，还大大扩充了北周的军力，使北周的综合国力大为增强。

公元577年，国力强盛的北周用三年时间灭掉了北齐。随着北

北周武帝宇文邕

齐的覆灭，宇文邕接着把灭佛行动推广到了北齐境内。他在北齐都城邺城亲自召集佛教僧众宣布灭佛令。当时受到召见的知名僧众有五百多人，无不俯首听命，只有慧远和尚大声抗议："陛下今天凭着王权强灭佛教，难道不怕死后下阿鼻地狱吗？"宇文邕回答说："只要百姓幸福，国家兴盛，我不怕下地狱！"于是这场轰轰烈烈的灭佛行动在北齐境内全面推行开来。一场运动下来，四万多所寺庙被赐给王公大臣作了宅第，大量寺院财产被充公，近三百万僧尼被勒令还俗。

中国历史上先后有四次大规模的灭佛活动，北周武帝宇文邕是第二次，在他之前，北魏太武帝也曾为了扩大财源、巩固政权而灭佛。但是与北魏太武帝相比，宇文邕的做法更加温和，先是通过多次大讨论让大家做好了思想准备，并且没有像北魏太武帝那样采取坑杀僧尼的极端做法，因此能让人民接受。所以，即使受到一些虔诚的佛教信徒的阻挠，宇文邕的灭佛行动仍然进展顺利，并取得了很好的效果，达到了强国富民的目的，从中足见宇文邕治国之手段。

宇文邕是一位有雄才大略的君主，他的嫔妃仅有十余人，其数量之少在历代皇帝中极为少见。他在掌权期间，勤于政事，生活简朴，每次战争都身先士卒，与将士同甘共苦，并且在政治、经济、军事等方面都进行了一系列改革，使北周的国力日益强盛，最终实现了统一北方的夙愿。

令人非常遗憾的是，这样一位难得的英明君主，仅仅三十五岁就英年早逝，病逝于出征前夕，没有来得及实施他"平突厥，定江南"，全国统一的伟大计划。他的后继者残暴无能，白白断送了他打下的大好江山，直到隋文帝杨坚时期，中国才实现了历史上的第二次全国大统一。如果宇文邕能够多活二十年，或许我们当前熟知的历史就得完全改写了。

吉藏与三论宗

吉藏大师（549年—623年）是中国汉传佛宗三论宗的祖师和集大成者，他历经陈、隋、唐三朝，是我国历史上一位成就卓著、影响深远的佛教人物。他俗姓安，祖上本来是西域安息人，为了避仇才千里迢迢迁居中原，先是住在南海一带，后来又迁到金陵，吉藏就出生在那儿。金陵后来改称建康，也就是今天的南京。

他的父亲十分崇信佛教，连吉藏的名字都是请当时来自天竺的梵僧真谛大师给起的，后来自己也出家当了和尚。也许是受父亲的影响，吉藏也走上了信仰佛教的道路，他七岁时就出家当了一名小和尚，跟从法朗大师学习佛经。十四岁时，他开始跟着师父学习佛经《百论》，因为聪明伶俐，悟性颇佳，学了五年，就已经能向公众复述和讲解《百论》，受到人们的广泛赞誉。随着时间的推移，他学习和领悟到的佛法越来越多，声望也越来越高，并因此很受陈朝桂阳王的尊敬和礼遇。

陈朝末年，时局动荡，战事纷乱，起兵的隋师进攻建康，不论是普通百姓还是出家人都纷纷四处逃亡，以避战乱。一场战争下来，建康城内的所有宫苑城池都被夷为平地，民宅庙宇也没有逃过被毁的命运。预见到这一劫难的吉藏，冒着生命的危险，和一些和尚一起，前往各处寺院，把逃亡者没来得及带走的佛教文疏（各种法会、法事上凡人祈求于神仙的文函）都集中起来，收藏在三间堂内，使这些珍贵材料幸存了下来。战事结束以后，吉藏将这些材料一面加以分类整理，一面认真学习吸收，大大开阔了他的眼界。

建康城被毁后，吉藏转移到会稽（今浙江省绍兴市）的秦望山嘉祥寺继续弘扬佛法，他在那儿住了近十年，跟着他学习的人有上千人之多，后来人们便将吉藏尊称为"嘉祥大师"。与天台宗的智者大师一样，吉藏也对《法华经》有比较深入的研究，他在嘉祥寺时，曾公开讲授《法华经》，还曾给智者大师写信，邀请他到嘉祥寺共同研讨《法华经》，结果因为智者大师病重，没有去成。不久，智者大师因病去世，吉藏便跟智者大师的弟子灌顶取得联系，继续关注和学习《法华经》。

隋炀帝杨广像

隋炀帝杨广在称帝之前任晋王时，曾在扬州设了四个道场，并广邀天下僧道名流入场弘法传道，吉藏大师也在被邀请之列，并在扬州广受礼遇。后来杨广离开江都入朝时，吉藏大师被邀同行，被安置在长安日严寺。据说有一次，有人请他讲经说法，本来安排在室内，但是没想到慕名而来的人太多，有成千上万之众，室内实在挤不下了，只好临时改到露天广场继续宣讲。杨广即位后，他的儿子齐王有一次在家中举办辩论会，下帖邀请了长安城内享有盛名的六十多位名僧名士参加，并请当时已经六十一岁的吉藏担任主辩手。当时有一位以能言善辩著称的禅师叫僧粲，首先提出疑问，由吉藏对答。二人你来我往了四十多个回合，最终以僧粲的无言以对告终。这次辩论，使吉藏的名气更上了一层楼。随着吉藏威望的升高，权贵们布施的财物也越来越多，除了供应寺庙的日常开支外还有大量剩余，吉藏就把剩余部分全部用来支持和发展佛教事业，声望愈隆。

唐高祖李渊开国后，在中央设置了"十大德"（一种僧人管理及表彰体制），以管理佛教事务，统领天下僧尼。"十大德"的人选一般由众僧民主推举，或由皇帝亲自指派，入围者都是当时德高望重、具有广泛影响力的佛门高僧，而吉藏大师就是当时的"十大德"之一。吉藏在唐朝很受皇室的尊敬和重视，他晚年的时候，身体虚弱，经常生病，朝廷就时不时地遣使赐

南宋法常所绘的《观音像》

药。他七十五岁去世时，唐高祖曾亲下诏令进行慰问，当时的东宫太子和其下诸王也都曾致信慰问。

吉藏一生弘扬佛法五十多年，最初是继承他的师傅法朗的学说，深入研究三论（即《中论》、《十二门论》和《百论》）和《涅槃经》，之后又研习天台宗的《法华玄义》，著有《法华游意》、《法华玄论》等，最后又致力于三论的阐释和弘扬，著有《三论玄义》，树立了自己的宗要。他一生讲三论一百多遍，讲《法华经》三百多遍，著述四十多种，不过现在保存下来的只有二十七部，其中九部为三论的疏章。吉藏继承了龙树、提婆（又称圣天，印度佛教中观派的创始人龙树的弟子，禅宗西天第十五代祖师）的"缘起性空"思想，集三论教义之大成，倡导"诸法性空"的"中道实相论"，被称为新三论，中国佛教的三论宗也由此创立。

因为三论宗宣扬"一切皆空"、"诸法性空"，所以三论宗又被称为大乘空宗或法性宗。什么是"空"？佛教各派有不同的回答。吉藏在《三论玄义》中说，大乘佛法和小乘佛法虽然都阐释了"空"的概念，却有四种不同的说法，大乘有大乘的诠释，小乘有小乘的论断。可见，"空"在佛法中是一个十分深奥和玄妙的词。而在三论宗看来，"空"就是一切法的真实相状，也就是说，"空"就是诸法实相。

"诸法性空"的"中道实相论"是三论宗的中心理论，这种理论认为，万有诸法都是众多因素和条件结合而成的产物，是由众多因缘结合而生，因此，佛教将这因果形成的万物谓之缘起。也就是说，世界上无论任何事物的发展，都必须具备一定的条件，如，一粒种子的发芽，要靠一定的水土、阳光、肥料等条件。这儿所讲的缘起，不仅指单一的因或单一的缘，而是众多因缘的相互组合，也就是所谓的"因缘次第缘，缘缘增上缘，四缘生诸法，更无第五缘"。离开了这些因素和条件，就没有事物的存在，事物自身的规定性也就不复存在，即无自性，也就是性空，所以《十二门论》说："众缘所生法，即是无自性，若无自性者，云何有是法。"也就是说，一切现象既然都是缘起的，自然也都是性空的。在这里，缘起和性空不是对立的，而是统一的，把缘起和性空统一起来就是所谓的"中道"，所以三论宗认为"缘起就是性空，性空就是缘起；真空不碍妙有，妙有体现真空"，这就是"中道实相论"。

吉藏一生培养的弟子很多，有慧远、智凯、慧灌等。其中，慧灌是高句丽（gōu lí）国人，日本推古天皇三十三年（625年），他奉高句丽王之命，东渡日本，并在日本收徒讲学，大力传播和弘扬吉藏大师的三论学说，被称为日本三论宗的始祖，此后吉藏大师的学说一直在日本传承不绝。

大才子吕才的"异端"思想

吕才（600年—665年），人如其名，是初唐时期有名的大才子，以博学多才闻名于世。他是博州清平（今山东省聊城市）人，出身于普通庶族之家，自小勤敏好学，是初唐杰出的思想家、音乐家、自然科学家。

吕才兴趣广泛，多才多艺，天文、地理、历史、军事、文学、哲学、逻辑学乃至医药和阴阳五行，无一不通，并且在这些领域内大都有专门著作和创新成果。吕才的博学多才令人惊叹，唐初的名臣魏征、王珪都曾对他的"学术之妙"赞不绝口。但更让人敬佩和汗颜的是，吕才完全是靠自己的聪明才智自学成才的。历史上自学成才的例子不少，但像他这样，自学成才还总揽百家、皆有建树的，在整个中国历史上也不多见。

之所以说他的思想"异端"，是因为吕才和范缜一样，是一位无神论者。他出自儒家，但又不完全拘泥于儒学，他的"异端"思想可以说是初唐时期唯物主义阵营中的典型代表。但是，与范缜相比，吕才要幸运得多。在他三十岁时，经魏征、温彦博等人的推荐，唐太宗任命他为太常博士，在弘文馆就职，后又升迁为太常丞、太子司更大夫等。

他之所以没像范缜那样，因为无神论主张而在朝堂上受到帝王和其他官员的批评，跟他所处的时代有很大关系。吕才生活的年代，正是唐初"贞观之治"时期，他的创造和著述也大都完成于这一阶段。贞观年间，帝王励精图治，政治清明，在全国范围内大量选拔优秀人才，对各种学术思想都表现得十分开明，基本实现了唐太宗李世民"天下英雄入吾彀（gòu，圈套、牢笼）中"的心愿。因此，吕才虽然是一位异端学者，但仍受到当时政权的接纳，甚至他的很多纂（zuǎn）修、著述和发明创造等活动，都是按照皇帝的旨意行事的。

但是吕才的思想观念毕竟与当时封建迷信的社会主流相冲突，"诸家共诃（hē）短之"（诃短即诃责诋毁之意），因此他的著述虽多，却大多难容于世，几乎全部失传。保存下来的仅有《叙宅经》、《叙禄命》及《叙葬书》等三篇残文和《全唐书》中记录的五篇文章，总共约五千字，从这些十分有限的文献中，我们很难了解到吕才的思想和学术的全貌。

吕才的学术研究十分驳杂，他具有广博的历史知识和自然科学知识，正是在此基础之上，形成了他独特的唯物主义世界观。在关于世界根源的问题上，他认为"极微"（即物质实在）是世界的本原，天地万物都产生于无形的元气，物质世界的发展和变化都可以从矛盾（如阴阳、刚柔、冷暖等）的运动之中去认识和把握。在世界观和方法论的统一问题上，吕才在佛学盛行的时期并没有钻入思辨哲学的迷宫，反而极为重视逻辑学，认为关于世界本原的思考是和具体的思维方法紧密联系在一起的。

唐太宗贞观十五年（641年），吕才和另外的十余名学者奉命修订阴阳书。他通过归纳古今史实，对阴阳书中的宿命论和风水、卜筮、禄命等迷信思想进行了深刻批判。他的无神论观点的发表，在当时的阴阳家各派系中引起巨大反响，遭到他们的激烈反对。但是吕才非常聪明，他在论述自己的观点时，没有脱离儒家思想的正统，而是"颇合经义"。不仅如此，他为了"救俗失，切时事"（纠正世俗中的错误认识，切中社会时弊），在对广大人民群众进行无神论的宣传时，还有意采取了通俗易懂的表达方式。因此，包含着吕才鲜明的无神论思想的百卷阴阳书完成后，很顺利地就通过了验收，并被唐太宗"诏颁天下"。

遗憾的是，百卷阴阳书虽曾诏示天下，广泛传播，但经过一千多年

唐太宗李世民像

的变迁，早已全部散失在历史的滚滚洪流中。我们只能从现存的《叙宅经》、《叙禄命》、《叙葬书》等三篇残文中，管中窥豹，勉强了解他的无神论思想的冰山一角。

《叙宅经》在开篇序言中就引用《易经》中的记载，承认了占卜住宅吉凶有很悠久的历史。作者介绍说，早在商朝、周朝就已出现用占卜来选择定居地点的文字，所以《书经》中有"占卜显示只能定居洛邑"的说法。而到了唐代，巫师们更是增加了"五姓"之说，就是把人的姓按"宫、商、角、徵、羽"这五音和"金、木、水、火、土"这五行进行分配，并以此来预测吉凶。在吕才看来，五姓说"事不稽古（jī gǔ，即考察古代的事迹，以明辨是非、总结经验，从而于今有益、为今所用），义理乖僻"，纯粹是一派胡言。

首先，吕才指出，这种五姓"配属"的方法是自相矛盾的，违背了逻辑规律，难以自圆其说。其次，他翻阅所有流传下来的经典古籍，用事实说明古代没有关于五姓的说法，所有关于阴阳学说的书籍中，都没有关于五姓的记载，因此他指出，五姓的说法只不过是部分人私底下的无知妄说，不能听信。最后，他从姓氏的起源入手，指出在黄帝时代，只有姬、姜数姓，其后才有管、蔡、霍等十六姓，五姓说一点历史根据都没有。通过他对姓氏源流的全面介绍和分析，五姓说的迷信思想不攻自破。

在《叙禄命》中，吕才在序言中介绍了禄命之说的源头。他说，据《史记》记载，宋忠、贾谊曾讽刺司马季主，说他的占卜不是给人添福加寿哄人高兴，就是预测吉凶祸福骗人钱财。王充在《论衡》中也有"看见骨相就能推断出生死祸福"的记录。他说，正是由于禄命之说由来已久，且会有偶然言中的时候，所以人们就信以为真。

吕才在《叙禄命》中明确指出，人的福祸、贵贱、能否长寿都与禄命无关。他举例说，社会上常有同年同禄但贵贱悬殊的人，像那些共命共胎的，如双胞胎，就有很多寿命各异的。他还以庄襄王、秦始皇、汉武帝、魏孝文帝、宋高祖等五个国君为例，分别将他们的禄命和历史实际作比较，用客观事实来证明禄命说不但不灵验，还与事实完全相反，从而揭示了禄命说的无稽和虚伪。

吕才在《叙葬书》中介绍说，远古时期，人死亡之后，只用稻草遮盖一下，既不筑坟，也不立碑，对守孝时间也不讲究，到了后来，才有了以棺椁下葬的习俗。唐代社会上十分流行测阴阳看风水的安葬方法，仅长安城以占卜安葬为职业的就有一百二十多家。人们之所以如此重视安葬的事情，是因为《葬书》宣扬，安葬的事办不好，死人活人都要遭殃，认为"富贵官职，都由安葬获得；寿命长短，也由坟墓造成"。

他指出，现今社会上流行的安葬方法，只是巫师敛财的工具，那些以占卜安葬为业的人，各说各的吉凶祸福，相互之间差异很大，他们没有一致的关于安葬的科学的阴阳理论，都是各自牵强附会的阴阳学说。他还列举了历史上从王侯将相到贩夫走卒各个阶层的殡葬情况，来说明丧葬只不过是因为贫富差异而造成的规格相异，《葬书》中关于安葬方法影响人的福祸运势的说法不过是狡诈的诓骗。

尽管吕才的无神论思想还有着这样那样的时代局限性，但在阴阳迷信充斥社会各个角落的时候，仍然给当时的社会带来了一丝难得的清明。

唐三藏西天取经

随着新旧版电视剧《西游记》和少儿动画版《西游记》的持续热播，上到八十老太，下到三岁小儿，没有一位不知道西游记的故事，没有一位不认识唐僧这个人物。但是说起唐僧的原型——唐朝三藏法师玄奘（zàng），熟悉的人就没有多少了。

历史上的玄奘和神话故事中的唐僧是完全不一样的人物。在西游记的故事中，唐僧除了求佛取经的坚定信念外，就没有什么别的本事了，不是被女妖精捉去成亲，就是被男妖精捉去吃肉。但是现实中的玄奘却是一位天资聪颖，潜心佛法，胆识过人，有大智大勇的有为之士，他不仅是我国汉传佛教史上最伟大的译经师之一，与鸠（jiū）摩罗什、真谛并称为中国佛教三大翻译家，还是我国佛教唯识宗的创始人。鲁迅先生就对其"舍身求法"的精神进行了高度赞扬，尊其为"中国的脊梁"。

玄奘（602年—664年），俗家姓陈，名祎（yī），也有人说是祎（huī），洛州（今河南省洛阳市）人。他出身儒学世家，是东汉名臣陈寔（shí）的后代，他的曾祖、祖父、父亲都曾入朝为官。隋朝末年时，社会动荡，当时任地方县令的父亲毅然辞官归隐，回到家中潜心研究儒学。玄奘是家里的第四个孩子，上面还有三位哥哥。他的二哥陈素很早就在洛阳的净土寺出家，就是后来以说法闻名于世的长捷法师。因为家境不是很好，玄奘五六岁的时候就跟着二哥住在净土寺里，跟随寺里的僧人一起学习佛经。到他十一岁的时候，已经学习了小乘佛教和大乘佛教的教义，熟读了《妙法莲华经》和《维摩诘经》等。两年后，洛阳发出了度人为僧的诏令，玄奘凭着丰富的知识储备和聪慧的头脑以十三岁的稚龄破格入选，在净土寺出家为僧。

隋朝灭亡后，玄奘和二哥长捷法师来到唐朝首都长安，学习佛法。后来他听说当时的很多名僧都住在蜀地，就经汉川来到成都。经过三五年的学习，他在佛法上大有进步，取得了不小的成就，在蜀地佛界极有声誉。但是玄奘求知若渴，仍不满足，在他二十二岁的时候，他离开成都，沿江东下，一路拜访名僧，讨教佛法，二十五岁后，重回长安学习外语和佛学。这些年，他到处奔波，遍访名师，佛学造诣日益精深。在四处求学的过程中，他学得越深，了解得越多，就越是困惑，因为佛教各家宗派的佛学宗旨，不是说的不清不楚，就是说法各异，自相矛盾，于是他就产生了到佛教发源地西域去寻根究底，求学取经的念头。

最早传入的佛经都是用梵文所著，人们根据对梵语的理解来翻译佛经，难免会有歧义，后代的人又以翻译后的汉文佛经为基础，从各自的角度出发进行理解和把握，自然就得出了五花八门的不同结论，他们坚持自己的主张，相互之间的争议不断，因此才有了佛教各宗派的产生。于是一些有大志向的僧侣为了把佛经里讲的问题搞清楚，为了学习更多的经书，就产生了一个很强烈的愿望，去西域，去印度，去佛教的起源之地，去认识佛教的本来面貌。

去西域取经的，玄奘并不是第一个，早在三国时期，就有人开始了西天取经的行动。从三国到魏晋之间的五百多年里，不断有高僧不顾个人安危加入到这一行动中来，史上有记载的有一百七十多人，但安全回来的只有四十三人，绝大部分人都牺牲在了取经的路上。虽然西行路险，且有众多血淋淋的前车之鉴摆在那儿，但是玄奘对佛教的虔诚之心坚如磐石，在他取经

明代吴彬所绘的《涅槃图》，表现佛祖涅槃时的情景

的决心面前，一切问题都不再是问题。

于是，玄奘在他二十五岁时，上书唐太宗，要求允许他西行取经，但未获批准。但是心意已决的玄奘没有放弃，毅然决定偷渡。当时唐朝正与西北的突厥人打仗，朝廷有令，禁止百姓私自出关。按照规定，不论是偷渡的人还是帮助他人偷渡的人，一旦被抓，都是死罪。玄奘掩藏行迹，昼伏夜出，一路从长安往西赶往瓜州。在瓜州，他先是被州吏李昌捉住，后因李昌是信佛之人，又把他私自放行。

玄奘被放行后不久，路过庙里去拜佛，结果遇上一位叫石磐陀的胡人。石磐陀对玄奘的取经行为表示十分敬仰，硬要拜玄奘为师。结果没过几天，石磐陀就害怕了，他趁玄奘睡觉时摸进了玄奘房里，打算杀人灭口，却总是下不了决心。玄奘当时并没有睡着，看着石磐陀的动作，他觉得这时不论做什么都会刺激到石磐陀，就静静坐着，闭目无视。石磐陀最后也没敢下手，第二天，就到玄奘面前表达了离去之意。玄奘大度地放他离开，继续一个人西行。

从长安出发一年后，玄奘经历了无数次的生死考验，穿过黄沙漫天的大沙漠，历尽艰险，到达了高昌城，也就是今天的新疆吐鲁番，得到高昌王

《西游记》插图。表现唐僧师徒四人渡江的情形

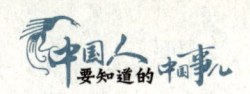

的礼遇，并和他结为兄弟。高昌王对他再三挽留，甚至用上了武力扣留的手段，但是玄奘用绝食来回答，一意西行。最后，高昌王只能放行，不仅给了他4个徒弟，30匹马，25名随从，还写了24封公文，分别给玄奘西行路上将要经过的各个地区的长官，请求他们关照玄奘。从高昌城出发后，玄奘的取经之路顺畅了不少。

玄奘一路向西，在路过龟兹（qiū cí）国时，受到当地的盛情招待。但当时龟兹国地位最高的法师是木叉毱（jū）多，为人一向十分自大，他非常看不起玄奘。据说，玄奘第一次去向他拜访讨教时，他一脸不屑地坐在那儿，头也不抬，还说龟兹国的佛法博大精深，像玄奘这种水平，仅龟兹的佛法就够他学习一辈子了，继续往西毫无必要。为了证明自己的话，木叉毱多和玄奘举行了一次公开的辩经会，结果以木叉毱多惨败而告终。从此之后，木叉毱多每次见到玄奘，都会立马站起身来，以示尊重。

走过一座座高山，跨过一条条大河，玄奘最终克服了重重困难，抵达心中的圣地印度。在那儿，他四处走访当地的佛教高僧，向他们学习各种佛学经典，使自己的佛学修为进一步精进，在当地赢得了很高的声誉和威望。有一次，印度的戒日王主办了一场全印度范围内的极其盛大的佛旨辩论会，邀请玄奘做主持人。因为玄奘的佛法修为之高深众所周知，所以其他参会人员为了不在国王和其他同僚面前因辩论败北而出丑，竟没有一人向玄奘发出诘难。

贞观十九年（645年），四十六岁的玄奘携带657部经书回到长安，为西天取经之旅画上了圆满的句号。这次取经，历时十七个春秋，行程五万余里，是我国古代史上一次意义非凡的伟大壮举。据载，玄奘携带经书回到长安时，"道俗奔迎，倾都罢市"（出家人和老百姓都出来迎接，全城的商户都暂停做生意），场面十分壮观。不久，唐太宗专门接见了他，还劝他还俗做官，被玄奘谢绝。随后，玄奘先后在弘福寺、慈恩寺等地翻译带来的梵文经书，共译出经书75部，1335卷，大大丰富了我国的佛教典藏，为隋唐之后中国佛教的进一步发展完善奠定了坚实的基础。

公元664年，尚未译完全部佛经的玄奘与世长辞。他下葬的时候，长安城万人空巷，来自四面八方的上百万百姓自动加入到送行队伍，唐高宗也为之罢朝致哀，并反复叹息说："朕失国宝矣！"

唐代的三教论衡

三教论衡，指的是佛、道、儒三家相互之间为了宣扬自己、打击对手而进行的激烈的思想大论战。他们的论战范围十分广泛，有的是为了论证自身教义和行为礼仪的唯一合理性，有的是为了争取统治阶级的支持，扩大自身势力。

佛、道、儒三教是中国古代思想体系的三大支柱，也是我们中国文化的骄傲。三教论衡的历史由来已久，可以说在整个中国古代史上，佛、道、儒之间的争吵一直没有停止过。儒、道作为中国土生土长的产物，在佛教还没有传入前，双方吵得十分厉害，后来佛教进来了，二者在互斗的同时又把矛头一致对准了佛教。文化有了冲突和斗争，才会有创新和发展。正是由于三教在理论上的激烈碰撞和相互融合，才有了后来的魏晋玄学、中国禅宗和宋明理学。

历史的车轮驶到唐代时，佛、道、儒三教经过魏晋时期长期的论争和融合，已经各自发展到比较成熟的阶段。唐代帝王们在总结历史的基础上，从魏晋南北朝时期宗教信仰影响朝代更替的经验和教训中，十分明确地认识到，佛、道、儒三教无论哪一家都能在不同程度上对国计民生和道德教化产生积极作用，所以他们倾向于调和三教矛盾，引导三教之间和平共处，圆融共存。这一时期，佛、道、儒三教鼎足而立，齐头并进，对社会思潮产生了极为深刻的影响。

唐代思想发展的一大特点就是佛教不断壮大，大有压倒儒家之势。这一时期的佛教，经过魏晋时期的大发展，经过长期与中国传统文化的冲突和磨合，已经逐渐成熟，逐渐中国化，产生了很多具有中国特色的学说和派别。唐代的二十多位皇帝，除武宗李炎外，都曾扶植过佛教，由官府组织翻译的经书有372部、2159卷。经过佛教高僧的宣传和帝王权贵的推动，佛教思想进一步深入民心，不论是人们的衣食住行，还是文学艺术等文化领域，佛教文化带来的深刻影响都随处可见。

佛教的大发展对儒家的正统地位产生了很大冲击，对儒家来说，佛教绝对是最大的敌人，所以这一时期儒、佛两教之间的斗争和冲突也最为激烈。但是同时，它们之间的相互渗透和融合也十分明显。在唐代的各个佛教宗派中，除了唯识宗坚定不移地固守佛教本原理论的阵地以外，其他各个宗派都吸收和融合了儒家思想。比如佛教华严宗大师澄观，不仅精研佛学，而且对儒家经典也很有研究，他在自己的著作中经常会拿儒学的思想或事例来解释或证明自己的佛学观念。

道教虽然在理论的精密程度和社会影响力上比不过佛、儒两教，但是经过近千年的发展，到唐代时，道教的理论教义、宗教实践等方面都得到了进一步的发展和完善。佛教传入之后，由于自身宗教地位受到威胁，道教为争取更多的信徒，与佛教展开激烈论争。由于唐代李姓帝王认为自己是老子李耳的后代，所以把道教看作自己的本家，既然道教是本家，是自己人，那么自然要多支持、多帮助。所以在唐代，道教得到了统治者的大力支持，与佛教在政治上分庭抗礼。除了唐宣宗时主张佛教居前、道教居后，唐代其他时期皆是道教排在佛教之前。

佛教与道教相比，其高明之处在于，佛教一心一意只关注彼岸世界的问题，从不针对俗世生活中的现实问题，所以人们不会因为现实生活中的苦难没有得到消除而对佛教失望，反而会在现实与未来的对比下，更加渴望和追求佛教所宣扬的彼岸世界的幸福美好。道教在这一点上，就很不如佛教了，它企图通过炼丹来解决长生不老这样的现实问题，结果唐代皇帝中有六个都

明代丁云鹏所绘的《三教图》。表现佛、道、儒三家的创始人在辩论的情景

死于服食丹药，这必然会使人们对道教的学说感到失望。在两教的论战中，道教也往往是败北的一方。

与佛、道两教相比，儒学在唐代走过了由衰微到复兴的历程。在唐代之前的魏晋时期，儒学在佛教和道教的两面夹击下，发展之势出现衰落，但是儒学仍然是唐代政府认定的官方正统思想，并在政府的组织下开展了大量编纂、整理儒家经典的活动。这是因为，儒学与佛教相比具有强烈的社会现实性，它以伦理政治学说为主体，宣扬的是治世之学，这也是儒学一直屹立不倒的最大优势。到了唐代中后期，儒学在激烈的"三教论衡"中对天人关系进行了重新阐释，并且将佛、道两家的相关思想引入到儒学的理论体系中，使儒学的思想内容进一步丰富和完善，更加符合统治阶级的需要，也在实际上开创了宋明理学的先河。

唐代有个十分独特的现象，就是在皇帝生日或者重要节日的时候，经常由皇帝出面，组织召开关于三教思想的大型辩论会，这也是当时最高等级的辩论会。在这个辩论会上，三教各自派出修为高深、能言善辩的名流人物向与会人员作专题演讲，其场面之大，不下于今天在人民大会堂作专题报告。在三教代表们的理论观点后，就由活动发起洋洋洒洒、慷慨激昂地说完自己人和主持人皇帝陛下对他们的言论进行评议，最后的结论往往是你好、他好、大家好，对三教都予以肯定。这种高规格的辩论会在整个唐代一直都有，几乎成为一项固定制度。

正是基于统治者的这种态度，唐代人都十分热衷于讨论"三教论衡"，文艺界也受此影响，常常拿"三教论衡"来说事。据《唐阙史》记载，晚唐有个善于表演歌舞和相声小品的两栖明星叫李可及，非常有名。有一次他在唐懿（yì）宗面前表演相声，自称精通三教，对戏的人问他："你既能精通三教，那你说释迦如来是什么人？"李可及回答说："是女人。"对方大惊，问："为什么这么说？"李可及解释说："《金刚经》曾记载如来'敷座而座'，如果不是女人，又何需丈夫（"敷"与"夫"谐音）坐下之后才能入坐呢？"唐懿宗一听，微笑了起来。对方再问："那你说太上老君是什么人？"李可及不紧不慢地说："也是女人。"对方作一头雾水状，李可及解释说："《道德经》曾记载老子说'吾有大患，为吾有身'，如果老子

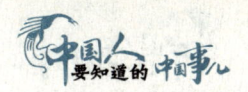

不是女人,又何需担心怀孕(古时把女子怀孕称为有了身子)呢?"唐懿宗一听,笑得更欢。对方又问:"那孔子又是什么人?"李可及悠然地说:"还是女人。"并解释说:"《论语》曾记载孔子说'沽(gū)之哉!沽之哉!我待价者也。'如果不是女人,又何需待嫁("价"与"嫁"谐音)呢?"唐懿宗听了哈哈大笑,不但赏了李可及不少财宝,还封他做了环卫员外郎。

唐代时这种极为开放的三教公开论衡的社会风气,不仅大大推动了各种学术思想的相互交融,使各家学派得到了不同程度的丰富和提高,也十分有力地推动了盛唐时期整个中华民族传统文化的大发展和大繁荣。

法藏光大华严宗

华严宗是唐初时期形成的一个汉传佛教宗派，属于中国十三宗之一。它以《华严经》为宗经，并依据《华严经》建立起"法界缘起"、"事事无碍论"等核心宗派思想，所以被称为华严宗。

《华严经》在浩如烟海的佛教经典中具有十分突出的地位，素有"经中之王"的美誉，有"认识《华严经》，方知己是佛法富贵人"的说法。传说，《华严经》是如来成道之后的第二十七日，在菩提树下为文殊、普贤等儿位菩萨所宣讲的自己内心所悟证的修行方法。佛陀在七个地方，举行了九次聚会，才讲完了《华严经》，但是《华严经》实在太过深奥，没有多少人能够了解其中的含义。后来，在佛涅槃六百年后，龙树菩萨在龙宫见到了这部被搁置六百多年的佛经。当时龙宫中保存的《华严经》有上中下三卷，但是龙树菩萨只看了下卷，还没来得及看上、中两卷，就被龙宫的人发现并赶了出去。他出了龙宫之后，凭记忆写下了《华严经》的下卷，从此《华严经》开始流传于印度民间。

《华严经》由印度传入中国后，有过三次大的翻译活动。第一次是在晋代，由古印度僧人佛陀跋陀罗在扬州道场进行翻译和讲解，共翻译出《华严经》六十卷，称为《旧译华严》或《六十华严》。初唐时朝有文殊菩萨化身之称的杜顺和尚，感悟到《华严经》的思想精髓后，开始宣扬《华严经》，被后人尊称为"华严初祖"。第二次是在唐代武则天时期，由新疆僧人实叉难陀翻译出《华严经》八十卷，称为《新译华严》或《八十华严》。第三次是在唐德宗贞元十一年（795年），南印度乌荼国的国王进献了四十卷《华严经》，由般若三藏大师译成汉经四十卷，又称《后译华严》或《四十华严》。经过三次翻译和补充，整部华严经文才告圆满完成。

华严宗开始时以唐代杜顺和尚为始祖，以智俨大师为二祖，法藏大师为三祖，澄观大师为四祖，宗密禅师为五祖。宋朝时又加入了马鸣尊者和龙树尊者两位初祖，共称七祖。在这七人中，法藏大师可以说是华严宗的实际创始人。这是因为，华严宗思想的核心内容，如成熟的六相说、十玄义旨等都是由法藏所阐明的，华严宗的判教学说也是由法藏所提出，并且在法藏大师的推动下，全国各地纷纷建立起以宣扬《华严经》为主要宗教活动的寺院。

与大多数主张远离尘世修行的出家人不同，法藏大师从出家为僧到最后圆寂，一生都与盛唐时期，特别是武则天时期的政治生活紧密相关，可以说是唐王朝的御用和尚。据记载，法藏大师（643年-712年），祖籍西域，祖父时迁来长安。他一心向佛，十七岁时就到太白山修行，后回京去云华寺听智俨大师讲《华严经》，深得智俨真传。当时，武则天的生母杨氏是一位虔诚的佛教徒，母亲去世后，武则天为母祈福，将其旧宅改建成了寺院，名为太原寺，还下诏度人为僧。道成、薄法等高僧联名向武则天举荐法藏，得到武则天的许可后，度法藏为僧，让其任太原寺住持，当时法藏还不到三十岁。之后不久，武则天还下诏命令京城十位德高望重的名僧为法藏授具足戒（具足戒是指佛教中的出家人加入僧团时所应接受与遵行的戒律，接受具足戒后，正式成为僧团成员，才能被称为比丘或比丘尼），并把《华严经》中贤首菩萨的名字赐给他作称号，因此，后人常把法藏称为贤首国师。在武则天的大力支持下，华严宗很快发展成为一个很有影响力的宗派。

法藏大师出家之后，致力于讲经、翻译和著述，他继承并发展了智俨大师"法界缘起"（华严宗的重要命题和基本教义，即一切事物都由法界生成）的思想，十分推崇华严经学，一生讲说《华严经》三十多遍。

武则天像

明代戴进所绘的《达摩六代祖师像》

他还亲自向武则天讲解四法界、十玄无尽、六相圆融等华严宗教理。但是因为这些关于《华严经》的理论实在太过深奥,别说是普通人,连天资聪颖的武则天都觉得十分难以理解。于是,深具良师潜质的法藏大师,就在讲经过程中随机选用了大殿一角的金狮子来作为教学道具,化抽象为具体,深入浅出地对自己的理论作了解释和说明。

在介绍六相圆融理论时,法藏说,世界上的万事万物都同时具有"六相",即"总相"、"别相"、"同相"、"异相"、"成相"和"坏相",这"六相"两两相别相成,且能毫无障碍地相互融合。他拿金狮子来作比喻,认为金狮子这个整体是"总相",眼睛、耳朵、鼻子、舌头和身体是狮子的各部分,即"别相",这五个部分因为都能组成狮子这个整体,具有共同的属性即"同相";同时这五个部分又各不相同,就是"异相";从另一个角度讲,眼睛、耳朵等共同组成狮子,可看作是"成相",同时这五个部分又处于不同位置,保持相互分离的状态,所以可看作是"坏相"。

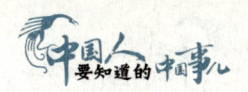

在介绍"十玄"理论时,法藏也曾用金狮子来作比喻。"十玄"的理论是阐明成佛的境界,涉及现象和本体的关系、现象和现象的关系等。在现象和本体的问题上,法藏认为,现象和现象之间虽有差异,但更有同一性,如金狮子的眼睛和耳朵虽然形状有所不同,但都是由金子打造的,二者之间具有很强的共同性。在色与空的关系问题上,法藏指出,任何事物都具有"色"和"空"两重内容。为解释这一主张,他将金狮子的金体比喻为佛性"空",而将金狮子的狮子形态比喻为事物"色",说如果不看狮子的形,金狮子在人们的心目中就只是一块黄金,而如果不是为了打造成狮子,这块黄金也不会在大殿中存在。

金狮子这个教学道具一出马,教学效果立刻就上去了,武则天和一干听众纷纷表示听明白了。法藏大师的这一讲经方式实在精彩,他的弟子就把他的讲解内容加以记录,并整理成文,题目就叫《华严金狮子章》,简称《金狮子章》。这篇文章全文不足一千一百字,却包含了华严宗的所有基本理

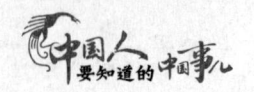

论，真可谓字字珠玑。

　　法藏不仅在教学方面很有一套，还极具政治头脑。遇到旱灾，他就为朝廷作法祈雨；朝廷出师镇压契丹部叛乱时，他也作法配合。不仅如此，他还懂得借助神话传说或突发自然现象，来提高自己和华严宗的宗教权威。据传，有一次，法藏在奉皇帝诏命宣讲《华严经》时，突然遇上了地震，到处都在剧烈摇晃，法藏就宣扬说，这次地震是佛经上曾记载过的"佛说法时常感六种震动"的奇迹，既暗示是自己讲经感动如来佛显灵，又恭维武氏朝廷符合天意民心，还及时授意他人将其看法上报武则天。法藏的这些做法极得武则天的欢心，她多次嘉奖法藏，使华严宗迅速在全国传播开来。后来唐中宗继位后，也对法藏和华严宗极为尊崇，使华严宗的发展更上层楼。

　　法藏大师七十岁时，卒于长安大荐福寺，也就是原来他正式出家的太原寺。他去世后，朝廷表示隆重哀悼。像法藏大师这样，生前荣宠一世，死后仍获殊荣的，在佛教历史上是罕见的。

六祖慧能兴禅学

慧能（638年—713年）是佛教禅宗的第六祖，中国历史上有重大影响力的思想家之一，他与代表东方思想的先哲孔子、老子，并称为"东方三圣人"。在英国大不列颠国家图书馆前面的广场上，矗立着世界十大思想家的塑像，其中就有慧能大师和孔子、老子三位中国思想家的身影。

慧能大师的一生极具传奇色彩。他俗家姓卢，本是河北人，父亲是一名小官吏，生活平静富足，但谁知好景不长，父亲因在工作上犯了过错而被发配岭南，也就是今天的广东。千里迢迢来到岭南后，受到打击的父亲适应不了岭南的恶劣情况，不久就生病去世，当时慧能还在母亲的腹中。慧能出生后与母亲相依为命，他孝顺懂事，很小的时候就知道自己打柴卖柴来补贴家用。

有一次，慧能上街卖柴，有位客人买了柴后，让他给送到店里去。到了地方，正赶上有人在店里诵读《金刚经》，慧能听后，心有所悟。从店内人的交谈中，慧能得知五祖弘忍禅师正在蕲州黄梅县的冯茂山传法，便萌生了北上求法的念头。虽然慧能很早就有了修行佛法的念头，但是直到三十三岁，将母亲侍奉终老、尽完孝心之后，他才真正踏上了求法修行之路。

因为家境贫寒，慧能没有上过一天学堂。令人惊讶的是，慧能虽然识字不多，但他对佛法的悟性非常高。在他北上求法的过程中，他曾在韶关停留了三年。在那里，他结识了一位好友，并常听好友的姑姑———一位山涧寺的女尼诵读《涅盘经》。他听过几遍后就对经文理解通透，还常常给他人讲解经文大意。有一次，那位女尼手持经书向慧能讨教一个字的读法和意义。慧能说："我不认识这个字，只能回答你字的意思。"女尼非常惊讶地说："你连这是什么字都不认识，又怎么能知道它的意思呢？"慧能回答她说：

"诸佛妙理，与文字无关。"女尼一听，深受启发，对其大为钦佩。

慧能不仅识字不多，还长得十分瘦小土气，一看就是山野樵夫的样子。所以在他一路风尘仆仆赶到湖北黄梅五祖的道场时，被五祖弘忍禅师戏称为"獦獠"（gé liáo，古代对南方多以渔猎为生的少数民族的称呼，泛指南方人），还说："你这个獦獠，又是岭南人，怎么能够成佛呢？"慧能立即回答说："人虽然有南北之分，但佛性却没有南北之别，我这个獦獠，虽然看上去不像和尚，但佛性上又和和尚有什么差别呢？"五祖一听，觉得慧能极具慧根，就想多观察观察他，便安排他在寺内做了一名火头僧（在厨房负责做饭的和尚）。

几个月后，渐感衰老、觉得该早早确定传承人的五祖召集大家发布了一则通告，要求门下弟子每人写一首偈（jì）子（又名偈颂，佛经中的唱词，因为大多是诗的形式，又名偈诗），写得最好的就是自己的传人。当时五祖门下有六七百名僧人，以弟子神秀最为突出。经过苦思冥想，神秀终于写出了一首偈子，并得意地将其题在了走廊的墙壁上，偈曰："身是菩提树，心如明镜台。时时勤拂拭，莫使惹尘埃。"五祖知道后，虽表扬了神秀，但仍评价说其见地还不到位。后来有一天，慧能听说了这事，就在神秀偈子的旁边也写了一首偈子，偈曰："菩提本无树，明镜亦非台。本来无一物，何处惹尘埃？"众人见后都大吃

《十六罗汉图》

一惊。五祖怕其他弟子嫉妒伤害慧能，就及时抹掉了慧能的偈子，并在众人面前说慧能的偈子写得乱七八糟，却在当晚偷偷将自己的衣钵传给了慧能，世称禅宗六祖。为了防止神秀等人伤害慧能，五祖让慧能连夜逃走。慧能为了躲避追杀，一路逃往南方，并一度在猎人的队伍里隐藏了十五年之久。

十五年之后，觉得因缘成熟了的慧能，到广州法性寺参加法会，当时该寺的印宗法师正在寺内讲解《涅盘经》。这时，忽然刮来一阵大风，把竖在周围的幡布吹得猎猎作响。一位僧人说："这是风动。"另一位僧人说："不是风动，是幡动。"二人争论不休。慧能站起来说："不是风动，亦非幡动，仁者心动。"印宗大师听后大吃一惊，连忙上前请教，得知慧能是五祖弘忍禅师的衣钵传人后，不仅为其剃度，还拜慧能为师，请他在法性寺说法弘教。

第二年，慧能前往韶关宝林寺（今南华寺）当主持，他在宝林寺一住就是三十七年，致力于传道弘法，对华南诸宗派都产生了深远影响，形成了"南宗"禅学。他所开辟的"南宗"主张"见性成佛"、弘扬"顿悟"，与以神秀为代表、主张"渐悟"的"北宗"禅学截然不同。由于慧能的积极弘法，"南宗"禅学很快在大江南北传开。慧能的弟子非常多，历史记载有一千多人，比较著名的有法海、法达、智常、神会等。唐玄宗开元二年（714年），在河南的无遮大会（指佛教每五年举行一次的布施僧俗的大斋会，又称无碍大会、五年大会）上，慧能的弟子神会禅师在与神秀门人崇远、普寂的辩论中胜出，此后，"南宗"成为中国禅宗的正统。

禅宗，是汉传佛教的宗派之一。汉传佛教宗派多来自于印度，只有天台宗、华严宗和禅宗是中国土生土长的本土宗派。六祖慧能时代，禅宗达到全盛，中晚唐之后禅宗成为汉传佛教的主流。禅宗的核心思想，就是慧能所一贯主张的"不立文字，教外别传；直指人心，见性成佛"，意思是说，通过自身的实践和感悟，人人都能从日常生活中顿悟真理，修成真佛。其特点就是将佛教宣扬的"诸法实相"（指各种现象的真实面目）和"真如之理"（不变的最高真理），与众生的自心、本性相结合，把人的本性、真心看作修行佛法的源头，强调心、佛和众生之间是毫无差别的存在。

六祖慧能主张"即心即佛",认为人的心和佛是等同的,"佛即是心,心即是佛"。在他看来,"我心自有佛,自佛是真佛",众生皆有佛性,且佛性平等,所以"人人有佛心,人人有佛性,人人都可以成佛"。那么怎样修成真佛呢?为什么有人成不了佛?六祖慧能说,觉性本有,烦恼本无,光有佛心、佛性还不够,还要能顿悟,他主张"顿悟成佛"。在慧能看来,佛与众生的区别就在于能不能觉悟,所以他说:"故知不悟,即佛是众生;一念若悟,即众生是佛。"还说:"若悟无生顿法,见西方只在刹那;不悟顿教大乘,念佛往生路远,如何得达?"他认为,并不是只有静坐敛心才算是修禅,一切行走坐卧之时都可以体会禅的境界。同时,六祖慧能还强调,悟要靠自己,因为佛心、佛性都在个人身上,所以要发挥佛心、佛性去顿悟,就要依靠个人的力量,其他人只能拉你一把或提示几句,最关键的还是要看个人的意愿和努力,所以他说:"各须自性自度,是名真度。"

六祖慧能七十六岁时圆寂于国恩寺,他圆寂后,真身不坏,被运送回韶关,至今仍被保存供奉在南华寺六祖殿中。他的经历和言论由其弟子法海整理成书,即《六祖坛经》。这是我国佛教史上唯一一本由中国人著述、被称为经的佛学经典。

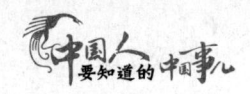

韩愈和《谏迎佛骨表》

所谓佛骨，是指佛或高僧圆寂之后肉身火化留下的遗骨或遗灰，又称舍利、舍利子或佛舍利，以佛祖释迦牟尼的舍利最为珍贵，在佛教中被视为至高圣物。据《佛学辞典》介绍，舍利有三种颜色，白色的为骨舍利，黑色的为发舍利，赤色的为肉舍利。史书记载，印度孔雀王朝阿育王时期，阿育王曾收集了所有的释迦牟尼佛舍利共八万四千个，分别盛放于八万四千座阿育王塔的金银琉璃宝匣内，专门供养。

早在我国魏晋南北朝时期，南京、洛阳等地就出现了许多供奉佛舍利的阿育王塔。隋文帝时，更是模仿阿育王，在全国范围内普建佛塔，供养佛舍利，社会上供养佛舍利的活动开始盛行。到了唐朝，唐皇室曾七次恭迎供奉佛骨舍利，供养佛舍利之风更是愈演愈烈。佛教的飞速发展，对传统的儒学正统思想带来极大冲击。当时儒家的一些有识之士不断提出反佛、排佛的口号。唐宪宗时期，韩愈呈上《谏迎佛骨表》，反对皇帝迎奉陕西法门寺佛骨舍利的事情，就是中国历史上儒佛矛盾斗争的一个典型事件。

陕西法门寺最早建于北魏时期，寺内藏有一枚佛祖释迦牟尼佛的指骨舍利，舍利塔每三十年开放一次，据说佛骨舍利每一次现世都能求来风调雨顺、岁丰人安。这枚释迦牟尼的佛骨舍利一直被唐皇室看作是象征君权的"神圣舍利"。早在大唐贞观五年（631年），唐太宗就下令开示法门寺佛舍利，这也是唐朝皇帝第一次将法门寺所藏的佛骨舍利展示于人前。传说，当时佛骨舍利出现时，出现了很多灵异现象，甚至还有一位多年目盲的人因"直视"佛骨舍利而复明。唐高宗时，首次以皇帝身份开启地宫，迎请佛骨舍利到长安、洛阳供养，两年后才按武则天的主意，以天子之仪的九重金棺送回。武则天八十二

· 117 ·

岁时，再次迎奉复位后，曾割下等七人的头发示以身供养佛骨唐玄宗李隆基三十年时没有开的一百多年里，佛骨舍利。

唐宪宗像

唐宪宗是位迎奉佛骨的

佛骨舍利。唐中宗自己和皇后、子弟"下发入塔"，表舍利。其后，除了因独崇道教而在满启舍利塔外，其后又有四位帝王迎奉

唐朝历史上第六皇帝。唐宪宗元和十四年（819年），距离法门寺佛塔上次开启正好过了三十个年头，又到了佛骨舍利再次现世的时候。和之前几位迎奉佛骨的皇帝祖先一样，为了实现长治久安的美好心愿，唐宪宗特意下诏命令太监杜英奇带领三十多名僧人赶到法门寺迎奉佛骨，并一再要求仪式隆重盛大，从陕西到长安的沿途各州县，不但要在路中间铺上红毯，路两侧搭起彩棚，连路边的野树都要裹上黄色缎带，以示举国敬佛的虔诚之心。于是，在运送佛骨的二百多里道路上，处处张灯结彩，花团锦簇，几十万各地百姓等在路边跪拜迎接，场面异常隆重。

皇帝这一扰民之举不但没有受到百姓的怪罪，反而得到百姓的大力支持，因为当时绝大多数老百姓比皇帝更加虔诚，更加迷信。据说，在迎接佛骨的队伍到了长安之后，为了加入供养佛骨的行列，得到佛骨的保佑，不仅权贵富豪们都争相举行盛大的迎奉仪式，金银财宝耗费无数，普通百姓们也纷纷献儿献女，倾家荡产进行供奉。那些家徒四壁又无儿无女的，甚至会砍断自己的胳膊来作为供奉。由此可以看出，佛教在唐朝是如何的鼎盛。

迎接队伍走到皇宫后，唐宪宗率领后宫嫔妃和文武百官五体投地，叩头拜佛。佛骨舍利在皇宫内供养了三日，在这三天中，唐宪宗日日穿素衣，吃斋食，时时焚香点烛，一心关注佛事，把朝政都扔在了一边。在皇帝的带头示范下，文武百官和普通百姓也争先恐后地行动起来，围绕供养佛骨的事，各出奇招，不务正业，朝内朝外一片混乱。面对这种情况，时任刑部侍郎的韩愈实在看不下去了，就写了一篇《谏迎佛骨表》，呈给唐宪宗，对其狂

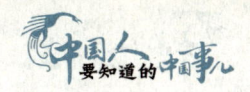

热佞（nìng，谄媚取悦）佛、迎奉佛骨的行为表示强烈反对。

他在上表中说，佛法的事，在中国古代是没有的，后汉时期才传入中国。上古时期，先祖黄帝在位百年，活了一百一十多岁；他的儿子少昊，在位八十年，活了一百岁；他的孙子颛顼（zhuān xū）在位七十九年，活到九十八岁；他的曾孙帝喾（kù）在位七十年，活了一百零五岁；其后的尧、舜、禹也都活到了一百多岁，那时候即使没有佛，也天下太平，百姓安乐。从殷商到汉初，佛法未传入之时，也有很多统治稳固、寿命过百年的统治者，可见，是否信佛跟国家是否安定、国君是否长寿一点关系都没有。

他还说，汉明帝时有了佛法，但汉明帝在位只有十八年，其后每一任帝王在位时间都不长久。到了宋、齐、梁、陈南北朝时期，虽然佛事更加兴盛，但朝代的存在时间反而更短了。其中在位时间比较长的，是三次舍身施佛的梁武帝，他在位四十八年，但他为了崇佛，一天只吃一顿饭，而且只吃蔬菜、水果，最后被侯景所逼，饿死在台城，梁朝也很快灭亡了。梁武帝信佛本来是为了求福，却没想到反而落了个饿死的下场。可见，历史上凡是信佛的王朝都不长，所谓的佛也根本不足为信。

他还说，所谓的佛，本是蛮夷之人，所说语言与中国不同，所穿衣服也与中国相异，更不知道君臣之义、父子之情。如果佛今天还活着，奉其国主之命到长安来朝拜，陛下只要设宴召见，赐点财物，再让士兵护送其出境，也就够了，断不会让他胡言乱语来迷惑众人。何况现在佛已经死了这么久，死人枯骨本是凶秽之物，怎么能直接把死人骨头放在皇宫之中呢？孔子都说："敬鬼神而远之。"那些古代王侯们去世之后，要在本国凭吊，都会先令巫师用桃枝扎成的苕帚举行仪式，消除不祥。现在陛下无

绿度母坐像

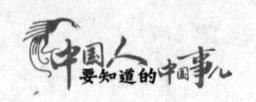

缘无故地就把佛骨这种污秽之物拿来,却不先让巫师消除邪气,而群臣和御史却不指出这事的不当之处,实在让臣为他们的过失感到羞耻!请陛下将此骨交给有关官员,让他们将那枯骨扔到水火之中毁掉,永绝后患!

韩愈的奏章像一盆冷水,浇到了正在狂热中的唐宪宗头上,但是他的一番肺腑之言并没有起到作用,反而大大冒犯了唐宪宗。唐宪宗看了韩愈的奏章后,怒火中烧,气得几乎晕过去,他立刻把宰相裴度叫来,嚷嚷着非要把韩愈处死不可。幸亏裴度等人大力为韩愈求情,才免了韩愈的死罪,将他贬到潮州作了刺史。韩愈为这次上表付出了惨痛的代价,除了自己被发配到蛮荒之地外,他年幼的小女还病死在被贬的途中。

虽然韩愈反对迎佛骨的行动最后失败了,但是他的反佛思想却广泛传播开来。韩愈作为唐宋八大家之一,是唐代的著名诗人、文学家、哲学家和思想家,与柳宗元同为"古文运动"的倡导者,有"文起八代之衰"的美称,他在文学上的这种崇高地位,大大增强了他的反佛思想的影响力。唐僖(xī)宗时,佛骨最后一次被送回法门寺地宫,并从此密藏于地下一千多年,直到1987年法门寺地宫开启,才重新现世。

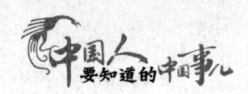

李翱的复性学说

唐朝时,佛教、道教都得到了十分快速的发展,儒学的发展相对来说要落后得多。在这种情况下,一些有思想、有见地的儒学大家们开始站到舞台中央,以儒学思想为武器,向佛、道两教发起反击。唐代著名儒学家李翱（áo）就是其中之一。

李翱（774年—836年）,字习之,祖籍陇西（今甘肃一带）。他出身很好,十六国时期曾建立西凉政权的武昭王李暠（hào）就是他的远祖。他的十世祖李冲也是北魏的名臣之一,曾官至尚书左仆射,相当于执掌朝政的宰相。但是这些显贵的祖先们毕竟离李翱的时代远了一些,李氏家族传到李翱这一代时,李家的门第早已衰微,也就是一般的普通富户了。

李翱从六岁时就开始读书识字,学的都是儒学经典。随着李翱一年年长大,他接触和学习的儒学经典越来越多,对儒学的思考和理解也越来越深。到了少年时,他已经因"勤于儒学,博雅好古"而名扬四方。当时著名的古文家、对李翱有知遇之恩的梁肃,看了李翱的文章之后大加赞赏,"谓翱得古人之遗风,期翱之名不朽于无穷"。不仅如此,当时梁肃正任右补阙一职,专门负责对皇帝进行规谏和推荐人才的工作,所以梁肃经常为李翱的才名作宣传。

但是满腹才华的李翱的求仕之路并不顺畅,他年轻时曾多次参加科举考试,都没有考中,这给他带来很大打击,再加上生活逐渐贫困,更是显得十分落魄。就在这段时期,李翱与韩愈相识。韩愈比李翱大五岁,二人无论是在政治思想还是学术观点上都有很多相似之处,所以一谈之下,大为投机,即成莫逆之交。对李翱来说,韩愈既是朋友,更是老师。韩愈对李翱十分看

重,还把自己的侄女嫁给了他,来了个亲上加亲。他们之间的师友之情一直保持了二十九年。韩愈去世的时候,还特意嘱托李翱在他死后为他撰写个人生平传记,后来李翱按其嘱托,撰写了《韩吏部行状》。

李翱二十七岁的时候,终于进士及第,考取了功名。他先是在皇城做官,后因性格耿直,得罪权贵,被贬为朗州刺史。唐文宗即位后,李翱再次调入皇城,不久又再次调往地方,任郑州刺史、桂州刺史等。从他不断调任的事情上可以看出,他的仕途充满坎坷,很不得志。唐武宗时,李翱去世,享年七十岁,因在襄阳去世,后人又称李翱为李襄阳。

韩愈像

虽然在政治上没有什么大的建树,但在思想上,他与韩愈等人一道,积极维护儒道,反对佛教,认为孔子是"圣人之大者也",主张人们的言行都应以儒学的"中道"为标准,为儒学的复兴做出了重要贡献。特别是他的《复性书》三篇,对儒学的心性理论作了创造性的发挥,开启了宋明理学的先河,在中国思想史上产生了重要影响。

李翱认为,佛教徒"不蚕而衣裳具,弗耨(nòu,古代锄草的农具)而饮食充",就是说,他们不养蚕却有衣服穿,不干农活却有饮食享用;不但自己不劳而获,还大兴土木,兴建寺观,劳民伤财,给百姓和国家利益带来很大损害。在他看来,佛法是夷狄(yí dí,泛指除华夏族以外的各族)之术,与中国礼法不合,佛教使"夷狄之术"流行于中华,扰乱和伤害了儒家圣人之法,应该坚决予以抵制。同时,他还努力维护儒家的伦理纲常,说儒家礼法"自伏羲至于仲尼,虽百代圣人不能革也"。他分析说,如果佛法广泛推行,大家都听信之遵从之,像佛教徒那样不劳而获,那么天下的人就都没饭可吃、没衣可穿了。反之,如果广泛推行儒学,人人注重亲情,讲究仁义道德,则上下和睦,国家安定,好处多多。

和韩愈不同的是，李翱对佛教的态度并不是一刀切式的全面否定，而是在批判糟粕的同时，注意吸收佛教中好的思想营养。他虽反对佛教，却也承认佛教在一定程度上有"正心"的作用，认为佛教对普通百姓来说具有一定的诱惑力。在他的理论学说中，有很大一部分内容都来自佛学，特别是佛教禅宗的理论。

当时有一位叫惟俨的高僧，是一位闻名遐迩、德高望重的禅宗大师，因住在药山，又称为药山禅师。李翱任朗州刺史时，曾多次邀请惟俨禅师下山参禅论道，被拒绝后还曾亲自上山拜访。他第一次拜访药山禅师时，禅师正在看经书，仆从对药山禅师说："太守来了！"药山禅师没有理睬，还是一动不动地看经。于是李翱就站在一边等，过了很长时间，李翱等急了，就生气地说："真是见面不如闻名！"说完就想拂袖而去。这时药山禅师抬起头来，说："太守为何看重远的耳朵，而轻视近的眼睛呢？"李翱听后，心有所悟，忙候在一边虚心请教。他问药山禅师："什么是道？"药山禅师伸出手指，指了指天，又指了指装着清水的瓶子，说："云在青天水在瓶。"这时，突然一道阳光照射进来，正照在瓶中清水上，李翱顿有所悟，当即作了一首诗："练得身形是鹤形，千株松下两函经。我来问道无余说，云在青天水在瓶！"这段故事成为千古佳话，一直流传至今。

正是在吸收了佛教的心胜学说的基础上，李翱进一步发展了儒家的心性理论，《复性书》三篇正是其心性理论的集中体现。《复性书》分上、中、下三篇，是他二十九岁时完成的。上篇主要是总论"性情"和圣人之间的关系，中篇主要是介绍怎样才能修炼成古代先贤那样的圣人，下篇则是勉励人们要努力修心养性。在此书中，李翱以儒学经典《中庸》、《易传》为立论

明代陈洪绶所绘的《高贤读书图》。图中两位高贤正坐在石案前读书

基础，试图重建儒家的心性论。

在阐述"性情"与圣人的关系时，他在《复性书》中开宗明义地说："人之所以成为圣人者，性也；人之所以惑其性者，情也。"他把性与情分开，认为性是天生的，所以是善的，而性又往往被情所蒙蔽而行恶，所以情是恶的。他认为，圣人与普通人的不同，就在于圣人的性，没有被嗜欲好恶等邪情所惑，是纯粹的性，而普通人的性则往往被七情六欲所影响，是被污染的性。这一观点也是后来的理学家们探讨"天理"、"人欲"问题的根源。

在阐述复性的方法时，他说，普通人的性既然被情所惑，就需要通过修炼，使性还其本原。他认为，复性的第一步是"弗虑弗思"，就是说要通过自己的主观能动性，将思虑活动排除在心外，这样妄情就难以产生和发展；第二步是"知心无思"，就是要明白，心本来是空白无所思的，一切思虑活动都是由外物引起的；第三步即"知本无有思"，心中没有了思虑，心外的思虑也不再存在，复性的目的就实现了。

在勉励人们努力复性时，李翱对《中庸》的心性论作了创造性的发挥，并把《中庸》所讲的"性命之学"看作孔孟思想的精髓，鼓励人们多学《中庸》。在李翱之前，《中庸》还没有引起人们太大的注意，就是他在《复性论》中提出这一观点之后，《中庸》才被后世的宋儒们奉为宝书。可以说，是李翱开启了后世重视《中庸》，重视"四书"的风气。

唐朝帝王的"本朝家教"

道教尊奉的始祖老子姓李，唐朝皇室也姓李，所以唐朝皇帝将老子看作自己的祖先，特别崇奉道教。在唐朝近三百年的统治时间里，道教一直是唐帝王的"本朝家教"，各代帝王始终如一地将扶植和崇奉道教作为基本国策之一。

唐朝崇奉道教的历史要从唐朝的开国皇帝唐高祖李渊说起。隋朝末年，社会上广泛流行着"天道改，老君子孙治世"、"杨氏将灭，李氏将兴"的政治预言。李渊起兵前，道士王远知曾假托老君之名，向李渊密传符命（上天预示帝王受命的符兆），还预言说李世民将会成为未来的"太平天子"。李渊一听大喜，少不了对王远知进行一番封赏。李渊起兵后，道士歧晖吹捧李渊是"真主"、"真君"，并派了八十名小道士迎接他，积极鼓吹皇权神授，为李渊的起兵行动造势。李渊称帝后，为了提高自己的门第出身，便利用之前的政治预言，称自己是太上老君李耳的后代，道教也因此鸡犬升天，成为唐朝的"皇族宗教"。武德初年，唐高宗称老君显灵下降羊角山，下诏改羊角山为龙角山，在山上建起老君庙，并亲至庙中参拜。唐高宗还曾明下诏令，规定三教之中，道教为首，儒教次之，佛教最后。

唐太宗李世民继位后，也是

唐高祖李渊像

一如继往地支持道教。贞观十一年（637年），唐太宗颁布了一个《道士女冠在僧尼之上》的诏令，明确规定了男女道士们的地位高于僧尼。继任的唐高宗一登基，就加封老子为"太上玄元皇帝"，并规定由宗正寺来专门负责管理道士和僧侣。唐高宗不仅要求文武百官、王公贵族们都要学习《老子》，还试着在科举考试中增加了《老子》的内容。

在众多的唐朝帝王中，唐玄宗李隆基绝对可以说是其中最崇道教的一位，被人称为"道教皇帝"。他在位时，正是"开元盛世"，也是唐朝发展的巅峰时期，在他统治大唐的近半个世纪里，自始至终都在一心一意地崇奉道教。在他的推动下，道教成为国教，迅速发展到有史以来的最高峰。

唐玄宗的青少年时期是在武则天和韦后的专政统治下度过的，幼年时候就经历了错综复杂、阴暗诡谲的宫廷纷争。他自小就有远大志向，敢作敢为。据说在他七岁的时候，有一次在朝堂举行祭祀活动，负责京城守卫的金吾大将军武懿宗不知因为什么原因，突然对周围的侍从和护卫大声训斥起来。李隆基一听，十分生气，马上瞪起大眼睛，怒斥武懿宗说："这是我们李家的朝堂，与你一个外人有什么相干？！竟敢如此训斥我家护卫！"看着这个威风凛凛的小小孩童，武懿宗目瞪口呆。这件事马上就传到了武则天的耳朵里，不过，她并没有怪罪李隆基，反而对这个聪明果敢、极具皇家风范的小孙子更加喜欢。

因为对武则天和韦后利用佛教和僧人称帝专权深恶痛绝，所以唐玄宗在继位后，一反过去佛道并举的旧制，在抑制佛教发展的同时，一心一意崇信道教，主张以道家思想为精神主导来教化民众，以儒家的伦理纲常为行为规范来治理社会。他还专门下诏，将老子放在佛、儒之前，称老子为"万教之祖"，确立了道教的国教地位。

唐玄宗一再强调用"清静无为"的"道"来治理天下。他认为，通过无为之治，可以使天下"同归清静，共守玄默"，也就是说，通过实施和推行清静无为之学，可以使大臣们减少私欲，正其本性，兼济于人，也可以使老百姓们老老实实，安分守己，不去作奸犯科，这样上上下下都同心同德，知善而行，社会自然就太平无事，繁荣昌盛。所以他说"无为则清静"，"无为则不扰"，"侯王若能守之，则万物自化。"开元九年（721年），唐玄宗迎接当时的道界名人司马承祯（zhēn）入京，接受了司马承祯授予的法箓

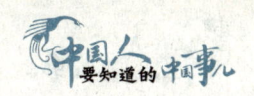

（lù，法箓又称宝箓，是一种道教符书，作为道士入道凭信和引法的依据），取得道士资格。在一个王朝中，既然最高统治者都加入了道教，那道教在当时的地位和影响自然扶摇直上，风头一时无两。

像唐高宗一样，唐玄宗也十分推崇《道德经》，并将之尊封为《道德真经》。他在君临天下那一年，专门下诏，要求天下百姓每家每户都至少收藏一本《道德经》，还要求百姓们一定认真学习，努力掌握《道德经》的主要内容。更有甚者，开元二十一年（733年），唐玄宗在亲自为《道德经》作了注释后，还把它列为科举的必考科目之一，考生通过考试经保举后，可以获得崇玄博士的称号。对天下以"学而优则仕"为主要理想和目标的读书人来说，既然科举必考，自然不敢不学，而且要想将来金榜题名、光宗耀祖，还得学好学透。因此此令一出，不仅读书人，全国上下的男女老幼都开始诵读《道德经》。

开元二十五年（737年），唐玄宗下令将道士、女冠（亦称"女黄冠"，指道姑）直接归属于宗正寺，将道士、道姑们直接当做皇族来看待，一些有名的道士更是受到特别礼遇。四年后，唐玄宗又下诏令，在长安、洛阳和各州设置崇玄学，每学各置博士助教一名，招收学生一百人，专门学习《老子》、《庄子》、《列子》（列子是战国前期的思想家，是老子和庄子之外的又一位道家思想代表人物）和《文子》（文子是老子的弟子之一）。

天宝元年（742年），唐玄宗还下旨追封庄子为南华真人，文子为通玄真人，列子为冲虚真人，庚桑子为洞虚真人，并将四人的著作分别改称为

唐玄宗的书法作品《鹡鸰颂》（局部）

《南华真经》、《通玄真经》、《冲虚真经》、《洞虚真经》。第二年，唐玄宗加封老子为"大圣祖玄元皇帝"，六年后又加封为"圣祖大道玄元皇帝"，再五年后，又进封为"大圣祖高上大道金阙玄元天皇大帝"，称号是越来越长，对老子和道教的推崇也是越来越高。不仅如此，唐玄宗还多次声称老君降临，传授祥瑞之物，并在全国大建老子庙，在各地铸起老子像，供人朝拜供奉。老子不仅是唐王朝的"圣祖"，还成了唐王朝的护国神。随着道教宫观的建立和发展，道教的行为规范和礼仪也日益完善，成为统治阶级的御用工具。

唐玄宗以后，唐肃宗、唐代宗、唐武宗、唐宣宗等不少皇帝都继续崇奉和扶植道教。比较著名的是唐武宗，他十分迷信鬼神，对道家的长生和炼丹之术尤其推崇。唐宣宗时，唐朝曾一度中兴，之后国势便一落千丈。但即使在黄巢起义爆发、唐朝皇族到蜀地避难之时，帝王们都没忘了扶持道教，大开道场。

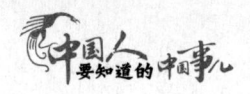

花间词派与南唐词派

唐朝灭亡之后,中原地区相继出现了后梁、后唐、后晋、后汉、后周五个朝代以及割据于西蜀、江南、岭南和河东的十几个政权,合称五代十国。在这个藩镇割据、中原大乱的时期,远在巴山蜀水怀抱的四川成都和受长江保护的江南,却像荒漠中的两个绿洲,没有受到战争的太大波及,仍然一片歌舞升平的安乐之景,并相继出现了西蜀和南唐两个词坛中心,分别以花间词派和南唐词派为代表。

词是诗的别体,又称曲子词、长短句、诗余等,是唐代兴起的一种新的文学样式。词有长调、中调、小令之分,起源于酒桌上的酒令。酒令是古代宴会中的一种风俗,据说汉高祖的老婆吕后每次召集群臣喝酒,都喜欢在宴会上行酒令,以此来加强自己对大臣们的掌控。她的酒令比军令还严,一旦违令就会被当场诛杀,所以可怜的大臣们每次赴宴都战战兢兢。到了唐朝,贵族们的宴会风俗就文明多了,他们在举办宴会时,都会安排专职的歌女,让她们唱些动听的有意思的曲子以劝客人饮酒。如果她唱得好,客人听了就会饮酒,歌女也会受到主人的奖赏。这种行酒时唱的曲子即小令,也就是早期的词。

唐代文人为避战乱,纷纷入蜀,填词的风气也被他们由中原带到了西蜀,使西蜀成为当时填词风气最盛的地方。花间词派就是晚唐五代时期以西蜀为中心形成的一个文人词派。这一词派的创作题材非常狭窄,尽写一些男欢女爱、旅愁闺怨、离别相思或者女人梳妆打扮的内容,以描写爱情为主,是一个脂粉气特别浓的词派。花间词派因五代赵崇祚(zuò)编辑的《花间集》而得名,温庭筠和韦庄是其突出代表。

赵崇祚是五代时期的后蜀人,他编辑的《花间集》共十卷,收集了自唐开成元年（836年）到后蜀广政三年（941年）的五百首经典词作。在敦煌石室收藏的《云谣集》于1900年被发现之前，《花间集》被认为是我国历史上最早的一部词选集。赵崇祚虽也是一位词人，但在《花间集》收录的五百首词作中，没有一首是他所作，可见其编撰选集的客观公正之心。《花间集》共收录了十八位文人的作品，除温庭筠、皇甫松、和凝三人外，其他十五位都活跃在西蜀。

花间词派奉温庭筠为鼻祖。温庭筠是晚唐著名的诗人、词家，也是当时作词最多、对后世长短句的发展影响极大的词人之一，赵崇祚在《花间集》中收录的词作，以温庭筠的作品为最多，并且排在第一位，以显示温庭筠对花间词派的开山之功。温庭筠年少时就以才思敏捷而闻名，相传他每次作诗作词都不需要提前打草稿，只要凝神想一下，就可以脱口而出，一吟而就。他虽有才名，却仕途不顺，每次考试都名落孙山，一生未能中进士，所以他的成就主要表现在他的诗词作品上。他的词构思精巧，语言美艳，平仄和谐，很有艺术特点。如他在《望江南·梳洗罢》中写道："梳洗罢，独倚望江楼。过尽千帆皆不是，斜晖脉脉水悠悠。肠断白蘋洲。"短短二十七字，就将思妇盼人归的千般柔情刻画得淋漓尽致，倾倒古今无数读者。花间词派中其他文人的作品大都有模仿温庭筠的痕迹。

花间词派的另一代表人物是韦庄，他也是花间词派中成就最高的一位。与温庭筠不同，韦庄不仅文才出众，仕途也很顺利。他曾考中进士，任过校书郎、左补阙等职，还曾做过前蜀的宰相。他的诗词很有名，著有《浣花词》。他的《菩萨蛮》中写道："人人尽说江南好，游人只合江南老。春水碧于天，画船听雨眠。垆边人似月，皓腕凝霜雪。未老莫还乡，还乡须断肠。"描写极富诗情画意，将当时避乱入蜀、欲归不能的思乡之情表达得入

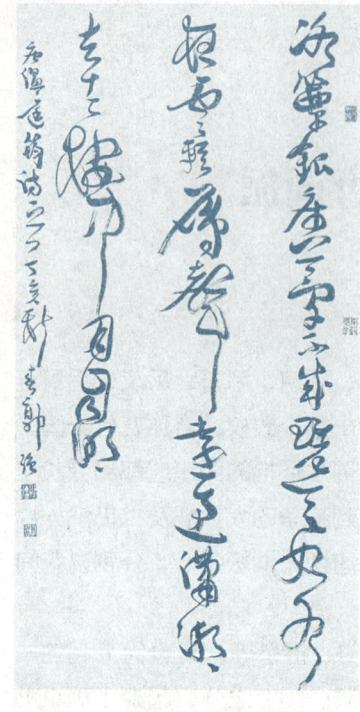

晚唐温庭筠的草书作品

木三分。他的《思帝乡》："春日游，杏花吹满头，陌上谁家年少，足风流，妾拟将身嫁与，一生休。纵被无情弃，不能羞。"语言质朴生动，清新明朗，又体现出另一番动人风姿。

继花间词派之后，在南唐首都金陵也出现了一批词人，称为南唐词派。与花间词派不同，其代表性词人主要是帝王和高官，主要指的是南唐二主李璟（jǐng）、李煜和冯延巳。与花间词派相比，南唐词派虽也以男女情爱为主要题材，但在艺术风格上，南唐词派在抒写离情别绪时融入了深沉的人生感慨，眼界要比花间词派更加宽广，词的美学品位和表现力也大大提高。

李璟是五代十国时期南唐政权的第二个皇帝，他多才多艺，是文学造诣极高的词人。他常常与其宠臣韩熙载、冯延巳等饮酒作乐，并喜欢在宴会上发表自己创作的新词，在皇帝的带动下，适于在宴会中歌唱的词在南唐迅速发展起来。李璟的词感情真挚，风格清新，十分有名气，他的"细雨梦回鸡塞远，小楼吹彻玉笙寒"就是流芳千古的名句。李璟虽然极有文才，却不是一位善于治国的好皇帝，相反，他奢侈无度，统治昏庸，导致民不聊生，怨声载道，大大削弱了南唐国力。

南唐后主李煜是李璟的第六个儿子，他继承了父亲的好文采，而且青出于蓝而胜于蓝，在词的创作方面比父亲的水平更高，有"千古词帝"之称。不幸的是，他这个皇帝没做几年，就成了亡国之君，被宋朝军队俘虏到汴京。李煜琴棋书画样样精通，尤以词的成就最高，他写的《虞美人》、《浪淘沙》、《乌夜啼》等都是脍炙人口、流传千古的杰作。"春花秋月何时了，往事知多少。小楼昨夜又东风，故国不堪回首月明中。雕栏玉砌应犹在，只是朱颜改。问君能有几多愁，恰似一江春水向东流。"这首《虞美人》字字含泪，通过今昔的对比，表现出一个亡国之君的无穷哀思。相传，李煜归宋之后的第三年，在自己过生日的那

南唐后主李煜像

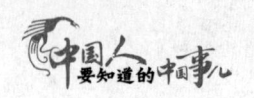

天，命歌妓在家中唱这首《虞美人》，宋太宗听说后，一怒之下就毒死了他，所以《虞美人》也成了李煜的绝命词。也就是从李煜起，词开始由花前月下的娱乐之作，发展为歌咏人生的抒情文体。

冯延巳同李璟、李煜一样，也是一位多才多艺的大才子。他虽在南唐做过宰相，但是其政治才干实在一般，曾多次因受弹劾而被降职。但是他的才气之高，连政敌都不得不表示钦佩。他的词继承了花间词的传统，还是以男欢女爱、伤春悲秋为主的娱乐之作。如《长命女》："春日宴，绿酒一杯歌一遍。再拜陈三愿：一愿郎君千岁，二愿妾身常健，三愿如同梁上燕，岁岁长相见。"在继承花间词传统的基础上，冯延巳的词又有新的突破和创新，这主要体现在他在歌颂爱情的同时，第一次在词中表现出人生短暂、生命有限的忧患意识，从而丰富了词的思想内涵。如《醉花间》："晴雪小园春未到，池边梅自早。高树鹊衔巢，斜月明寒草。山川风景好，自古金陵道。少年看却老。相逢莫厌醉金杯，别离多，欢会少。"

综合来讲，五代十国时期，词作为一种新的文学载体开始慢慢兴起，花间词派和南唐词派作为这一时期的两个典型代表，对之后宋、元、明、清的词曲创作都产生了重要影响。

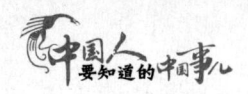

契丹人的崇佛之路

契丹族是我国东北地区的一个少数民族，自北魏开始，就在辽河上游一带活动。唐灭亡后，契丹族建立契丹国，后改称辽，一直统治着长江以北的疆域。澶（chán）渊之盟后，辽与北宋达成停战协议，双方维持了一百多年的和平。契丹族所建立的辽国，雄跨长城内外，轰轰烈烈地创造了二百多年的辉煌，像一头横击长空的雄鹰，在我国波澜壮阔的历史画卷中留下了耀眼的身影。

关于契丹族的起源有一个美丽的传说。在辽阔的北方草原上横卧着两条大河，一条叫西拉木伦河，又称潢河，一条叫老哈河，又称土河。传说，有一位来自潢河的仙女，驾着青牛车一直沿河而行，在潢河与土河的交汇处，她遇上了一位骑着白马，沿土河而行的仙人，二人一见钟情，结为夫妻，并在两河交汇处安居下来，开始繁衍子孙，他们生下的八个儿子就发展成了后来的契丹八部。对这个美丽的传说，历史学家给出的解释就少了很多空灵缥缈的美感。他们说，仙女和仙人分别代表的是两河流域的两个原始氏族，他们一个以青牛为图腾，一个以白马为图腾，后来两个氏族都迁徙到两河交汇处，开始融合到一起，才慢慢发展成后来的契丹族。

在生产力水平比较低下，认识能力有限的情况下，人们对地震、洪水、山火等自然现象感到无法理解，不明白这些自然灾害是怎么产生的，自然会感到畏惧，并将其归结为神灵的意愿和行为，从而产生崇拜自然的宗教信仰。契丹族在建国前长期流行萨满教，这就是一个以崇拜风、雨、雷、电、日、月、山、水等自然现象为主要内容的原始宗教。特别是对天、日的祭祀活动，是各类宗教活动中最隆重、最虔诚的部分。契丹建国后，随着政治经济的快速发展，社会意识形态领域也相应地发生了一些重大变化，开始有选择地对汉族的

辽代的皮囊壶

佛、道、儒等思想进行吸收和消化,特别是佛教,在契丹的发展远超道、儒两家。

其实早在契丹建国前,佛教就已经传入。唐武宗时,全国范围内展开灭佛行动,给佛教的发展带来极大打击,但是当时中央政权对地方的管制已经不如盛唐时有力,所以河北地区的诸藩镇崇佛意志坚定,并没有听从中央的命令进行灭佛,因此,大量的僧侣和佛教文物都流向河北地区,使北方的佛教文化迅速发展起来。902年,契丹在龙化州建了一座开教寺,因为龙化州是辽太祖耶律阿保机的"私城",也是耶律阿保机"受策"为大圣大明天皇帝的地方,在辽代州城中具有很高的地位,所以龙化州内开教寺的建立被认为是佛教北传契丹的起始点。从此,佛教开始逐渐被契丹人所接受和信仰。

佛教在契丹的传播一开始就十分迅猛,龙化州内不仅有开教寺,还有大广寺等一大批佛教寺院。916年,契丹正式建国,并定都上京,上京城不仅成为当时辽政权的政治中枢,也成为远近知名的佛教圣地,只上京一地就有规模宏大的寺院十几处。当时的上京,僧侣云集,佛事兴盛,寺庙随处可见,人们对佛教的信仰和崇奉达到一个新的高度。926年,辽灭了渤海国后,俘虏了该国五十七名僧人,他们没有杀害或虐待这些被俘的僧人,反而客客气气地把他们一路带往上京,还特意在上京城内兴建了天雄寺供其居住,以显示辽国的胜利是得天所助,可见当时佛教已经在契丹境内深入人心。

述律平是辽太祖耶律阿保机的皇后,十四岁时就嫁给了能文能武的耶律阿保机,并辅佐他建国称帝。耶律阿保机逝世后,述律皇后开始摄政,掌管军国大事。耶律阿保机要下葬时,她曾想殉葬,被众人阻止后,她砍下自己的右手,装入阿保机的棺木作为陪葬。辽太宗耶律德光继位后,尊她为皇太后,对她十分敬重。辽太宗十分信奉佛教,有一次述律太后病了,辽太宗为了给她祈福,一次就请了五万名僧人来给她做道场,要一下子集齐五万普通人都不是件容易的事,更别说五万名僧人了,辽国佛教事业的兴盛可见一斑。

辽圣宗和他之后的皇帝也都采取了保护和崇奉佛教的政策,使辽国境

· 134 ·

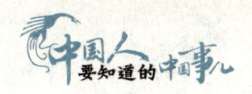

内的佛教愈加兴盛。特别是辽宋澶渊结盟后，一百多年的时间里都没有再发生什么大规模战争，社会相对安定，为佛教的大发展创造了良好条件。辽圣宗耶律隆绪堂堂天子，万乘之尊，为了表示自己的一片虔诚向佛之心，竟亲入佛门为奴。在他的带动下，辽国境内上至皇帝大臣，下至普通百姓，几乎全民信佛，使佛教的发展达到了登峰造极的地步。之后的辽道宗不仅精通佛学，善讲佛法，对佛教的崇奉更是厉害，在他执政期间，曾经一年之内向和尚施饭三十六万人次，一日之内有三千人一起削发出家为僧尼。到了辽晚期，辽境内的僧侣、佛寺数量已经达到相当惊人的程度，宏大寺院随处可见，往往在一座寺庙内能望见另一座寺庙，还能听到相邻寺庙的钟鼓之声。

辽朝数年之间就被女真消灭，后来元世祖忽必烈在和汉人张德辉谈及辽的历史时，提出"辽以释废"的观点，认为辽国灭亡是因为辽帝王崇信佛教。这种说法虽然有点言过其实，但佛教与契丹政权的存在和发展确实有着难以分割的密切联系，在这一点上，历史上的任何一个王朝都难以企及。

契丹族之所以推崇佛教，是由许多因素促成的。首先，佛教是一种外来宗教，不注重民族差异，而契丹人主中原，对中原汉族来说，也是外来的异族，二者有相通性。其次，佛教经过长久的发展，已经深入民心，在汉人中有着广泛的信仰基础，辽国推崇佛教可以消除民族隔阂，使佛教成为契丹人和汉人共同的精神纽带。崇佛政策的实施取得了很好的效果，推动了契丹的发展。但任何事情都要有度，过犹不及，崇佛政策发展到后来，帝王们一心向佛，无心处理朝政，寺庙的权势过大，吞噬国家大量人力和财富，大大加速了辽国的灭亡步伐。据载，辽道宗时，辽国发生严重的自然灾害，官府虽然采取了赈灾、免税等措施，但国力不足，最后还是接受了海云寺的千万资助才渡过难关。政府竟然要靠寺院来施舍，这从一个侧面反映了佛教兴盛与国家衰微之间的关系。

辽被金所灭后，耶律阿保机的第八世孙耶律大石率领契丹余部又建立起西辽，九十三年后，西辽被蒙古所灭。随着辽帝国的灭亡，契丹族也随之消失无踪。这个最多时拥有一百二十多万人口的民族去了何处，至今仍是一个众说纷纭的不解之谜。

王重阳和全真教

说起王重阳,估计大多数人首先想到的是金庸小说《射雕英雄传》中的天下第一高手,全真教的祖师爷中神通王重阳。事实上,王重阳并不是小说中杜撰的人物,而是历史上真实存在的,虽然小说和史实不会完全一样,但小说中的很多描写都是取材于现实,在历史上,王重阳确实是道教重要派别全真教的创始人。

王重阳(1112年—1170年),原名中孚,字允卿,出身于宋徽宗时期的普通地主家庭,祖籍陕西咸阳大魏村。他从小就爱好读书,是个才华横溢、文武双才的人,曾参加过当朝的文、武科举考试,得中文、武双举人,可谓春风得意,仕途平顺。他所处的年代正是北宋沦亡、金人入侵的民族危难之时,作为一个有理想有抱负的有志青年,王重阳一心以拯救民族危难为己任。但不幸的是,腐朽孱弱的南宋政权是扶不起的阿斗,宁愿苟且偏安,也不愿收复故土,王重阳的满腔抱负未能施展。在他四十七岁的时候,他深感失望,于是愤然辞职,慨然入道。

看过小说或电视剧《神雕侠侣》的人,都会对活死人墓印象深刻,因为那儿是女主角小龙女自小生活的地方,也是小龙女与男主角杨过相识、相恋的地方。小说中说,活死人墓原是全真教祖师爷王重阳出道前的修行之地,后来林朝英与王重阳打赌,说能以手指在石上刻字,并暗中借助化石粉完成了刻字的行为,王重阳不知其中缘故,只以为自己技不如人,就认输把活死人墓让给了林朝英,林朝英就是在活死人墓中悟出绝世武学,开创古墓派的。

"活死人墓"在历史上真的存在,也确实是王重阳修道之所。王重阳抗金失败决定修道后，就在终南山某处挖了一个地穴作为自己的修炼之地，并将地穴称为"活死人墓"，还在墓上挂了一块牌子，写着"王害疯灵位"。王害疯是王重阳的自称，因为王重阳说自己是疯子。王重阳入道后改名王嚞（zhé），字知明，号重阳子。据说，他是因为喜欢陶渊明，所以才改字为知明，又因为和陶渊明一样喜欢在重阳节开放的菊花，所以自号重阳子。王重阳在活死人墓潜心修行了两年，修行有成后他离开活死人墓，迁居刘蒋村。他曾写了一首七绝诗，描绘自己在活死人墓中的修炼方法，他在诗中说："活死人兮活死人，风火地水要只因。墓中日服真丹药，换了凡躯一点尘。活死人兮活死人，活中得死是良因。墓中闲寂真虚静，隔断凡间世上尘。"四年后，王重阳东出潼关，开始前往山东布教，并在山东创建了全真教，开始了自己的另一段辉煌人生。

王重阳到了山东后，先后在文登、宁海、福山等地传道说法，他把自己在山东宁海所住的庵堂命名为全真堂，凡入道的人都称为全真道士，全真教也因此而得名。在山东传道期间，王重阳先后收了马钰、谭处端、刘处玄、丘处机、王处一、郝大通、孙不二等七位徒弟，他的这七位弟子被后世称为全真教七真人。在山东传道三年后，他携弟子马钰、谭处端、刘处玄、丘处机四人返回关中，结果还没到目的地，王重阳就死在了路上，最后他的弟子将其带回终南山，安葬在刘蒋村。

王重阳以新的宗旨、新的修行方法对传统道教进行了大量改革，进一步把老庄的清静无为思想贯彻到全真教的教义中。他主张佛、道、儒三教平等，三教合一，提出"儒门释户道相通，三教从来一祖风"的三教融合学说。他认为修道就是修心，只有去除情欲，少思寡欲，心地清静，才是真正的修行之路，即"人心常许依清静，便是修行真捷径"。所以全真教以《道德经》、《孝

丘真人像

经》、《般若波罗蜜多心经》为必修经典，注重修心，而不在意符箓之学和炼丹之术。王重阳的传世著作有《重阳全真集》，其中收录了王重阳的传道诗词一千多首；另外还有《重阳立教十五论》、《重阳教化集》等。王重阳死后的三年间，全真教在马钰等全真七子的努力下，传教范围扩展到陕西、河南、河北和山东，社会各阶层均是其传播对象，为全真教的繁荣发展开拓了新局面。

道教创始人张道陵像

全真教，又称全真道、全真派，它与原有的道教旧派有明显的不同，其中最鲜明的一点，就是全真教的三教合一思想。全真教在教义、教制、教规以及内丹修炼等方面都贯彻了三教合一的思想。全真教的教义集中体现在"全真"二字，主张个人内修的"真功"与济世利人的"真行"兼备共存。他们认为"真功"的主要内容就是要"忍辱含垢"，在这里，他们引进了佛教因果报应的理论，认为人所经受的一切苦难都是为了还宿债，所以在苦难面前要忍辱含垢。他们认为"真行"的方法就是要"苦己利人"，在这里，他们吸收了儒学的伦理纲常思想，认为修炼内丹时要以"忠君王，孝顺父母师资"为首要任务，在家修道者要尽伦常之道。可见，三教合一是全真教的立教之主旨。

和其他道教流派一样，长生成仙也是全真教的基本信仰，但和信仰肉体和精神一起长存、相信白日飞升的旧道派不同，全真教在追求成仙的道路上，不再追求肉体的长生，转而只追求真性的解脱。他们认为，人的肉体是会消亡的，但人的真性却可以长存。全真教引用了禅宗的见性成佛说，认为只要做好内省功夫，便能顿见真性，超出生死，得到解脱，这就是王重阳所说的"身在凡而心在圣境"，也就是邱处机所说的"一念无生即自由"。

全真教的教规十分森严。王重阳立教之初，就要求出家者必须住在宫观里，居住条件要尽量俭朴，倡导苦行。据说他的徒弟马钰在修道时，每天就

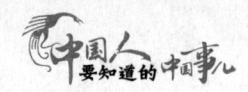

只吃乞讨来的一碗面,每天坚持赤脚不穿鞋,冬天寒冷的时候也不烤火。同时,全真教还宣扬家庭、亲情的虚妄,认为家庭是"牢狱",父子、夫妻亲情是"金枷玉锁",教人抛弃亲情,挣脱枷锁,出家修道。不仅如此,全真教还奉行绝对的禁欲主义,认为人的七情六欲是阻挠人成仙的主要障碍,因此,王重阳说:"凡人修道先须依此一十二个字:断酒色财气,攀援爱念,忧愁思虑。"元初全真教迅速发展起来后,有了富丽的大殿高堂,有了可观的金银田产,道士们已经不用乞食苦行,但是全真教的管理制度和清规戒律仍然比其他道派严格得多。

在元太祖成吉思汗的支持下,全真教发展到鼎盛,得势的全真教徒们跟着变得飞扬跋扈起来,侵占了大量的佛教寺院,引起僧人的不满,所以元宪宗八年(1258年),僧道双方举行了一场大辩论。全真教在这次辩论中败北,元宪宗命令全真教归还其侵占的二百余座寺院,又令道士落发,使全真教的发展大受打击。二十二年后,僧道再次进行辩论,全真教再一次辩论失利,元世祖忽必烈下诏,除《道德经》外,其他道经尽行焚毁。全真教的发展从此更为艰难。明清以后,全真教慢慢衰落,再不复当年的辉煌。

朱子理学

理学是中国封建社会后期的官方学问，产生于北宋，盛行于南宋与元、明时代，虽然清中期以后开始衰落，但其影响一直延续到近代。鲁迅大力痛斥的"吃人的礼教"，说的就是理学。朱熹（xī）是继孔子之后中国封建社会后期最有影响力的思想家，朱子理学也被尊为中国古代理学的正宗。

朱熹（1130年—1200年），字元晦，一字仲晦，号晦庵、晦翁、考亭先生、云谷老人、沧州病叟、逆翁，今天的江西婺源人。他的父亲朱松曾在朝廷的秘书省任职，也算是不大不小的一个官，但在朱熹很小的时候，朱松就因反对秦桧主和而被逐出朝廷。据说，朱松年轻的时候曾找人为自己算命，算命先生掐算一番后说："富也只如此，贵也只如此，生个小孩儿，便是孔夫子。"这件事不知是真是假，但朱熹最后成为一位影响力直逼孔子的儒学大师却是不争的事实。

朱熹像

父亲朱松是朱熹的启蒙老师，朱熹四岁的时候，父亲教他识物，指着天空对他说："这是天。"朱熹则问："天的上面是什么？"朱松听了大为吃惊，没想到一个四岁的孩子能问出这种问题，自此对朱熹的教育更是上心。朱熹八岁时，已经能够读懂《孝经》，他在《孝经》的书

節廉孝忠

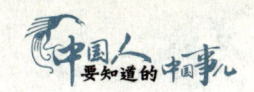

徽州古祠堂内的朱熹手迹

页上写道:"不若是,非人也!"意思是说,如果不能做到《孝经》中的要求,就不算是一个合格的人。与其父朱松来往密切的几位好友都是醉心佛学的道学家,受他们的影响,朱熹既对道学感兴趣,也对佛学有一定研究。他十八岁时考中进士,当时的主考官蔡兹对他的评价很高,认为朱熹"他日必非常人。"

考中进士之后,朱熹被任命为泉州同安主簿,从此开始了仕途生涯。他在这个职位上干满五年后,就辞官回家潜心于理学研究。三十岁时,他决心向著名道学家程颐的弟子李侗求学,李侗对这个好学的弟子十分欣赏,倾囊相授,从此,朱熹在继承北宋程颢(hào)、程颐理学的基础上,集北宋以来理学思想之大成,开始建立起自己的一套理学理论。他在故里修起"寒泉精舍",一住就是十余年,在此期间,朝廷多次请他出仕,他都没有答应。他一头钻进理学中去,一面积极讲学授徒,宣传自己的理学思想,一面编写了大量的理学书籍,不断丰富和完善自己的思想观点。

朱熹理学思想的核心是"存天理,灭人欲",是一种客观唯心主义的思想。朱熹所谓的理,又称道或太极,包含了极其丰富的思想内涵。首先,他认为万物各有其理,理是先于自然现象和社会现象的形而上者,不以人的意志为转移。其次,他认为理是事物的规律,也有伦理的意思,是人们一切行为应该遵循的标准。他认为,出于天理的仁义礼智之心是"道心",是善的,而出于身体生理所需的饥食渴饮之心是"人心",是能带来危害的私欲。他说,虽然圣人也不能没有"人心",但圣人之所以成为圣人,就是因为圣人不以"人心"为主,而以"道心"为主,只有按照天理的标准来为人处世,才能达到真、善、美的理想境界。因此,朱熹提出了"遏人欲而存天

理"的思想主张，认为"天理"和"人欲"是对立的。据《明史·列女传》记载，明代因"殉节"而死的妇女有上万名，这与理学宣扬的"从一而终""饿死事小，失节事大"的礼教观念有着密切关系。

四十六岁时，朱熹与当时的著名学者陆九渊相会于江西上饶鹅湖寺，进行学术上的探讨与交流，即中国思想史上有名的"鹅湖会"。与朱熹的客观唯心论不同，陆九渊是一位主观唯心论者，他认为人的心中本身就存在真善美，人们可以通过在心中发现真善美，实现自我的完善。二人在这次会面中，各持己见，争执不休，谁也说服不了谁，说来说去还说恼了，最后弄了个不欢而散。正是从这次鹅湖会后，才开始有了"理学"和"心学"两个不同派别。

四十九岁时，朱熹再次出仕，掌管南康军，三年后解职归乡。在此期间，他建起了白鹿洞书院进行讲学，并明确制定了一整套的教学规范，如，他规定教学的目的是传播"父子有亲、君臣有义、夫妇有别、长幼有序、朋友有信"的思想，学习知识要按照"博学之，审问之，谨思之，明辨之，笃行之"的顺序进行，待人接物要坚持"己所不欲，勿施于人，行有不得，反求诸己"的原则，等等。他在教学上很有一套，"问渠那得清如许？为有源头活水来"，就是他的读书名言。白鹿洞书院和他后来主持修复的岳麓（lù）书院一样，都属于著名的四大书院之一。正是在朱熹的影响下，南宋书院盛行，甚至隐隐有取代官学之势。

朱熹回乡后，在武夷山建起"武夷精舍"。武夷山是朱子理学的摇篮，在那儿，朱熹广收门徒，传播理学，并精选了儒家经典中的"四书"，即《大学》、《中庸》、《论语》、《孟子》，作为常用教材，大大方便了人们对儒家经典的学习。这可以说是中国古代教育史上的一次大变革，正是从朱熹之后，"四书"开始成为古代封建教育的教科书，他所作的《四书集注》成为官方指定教材，并以此确立了儒家思想在中国封建社会后期坚不可

南宋粉青釉瓶

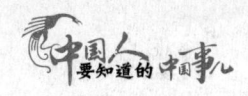

摧的主导地位。在元明清三个时代，朱熹理学一直是封建统治阶级的官方哲学。

　　五十七岁时，朱熹再次出仕，几年后，经宰相赵汝愚的推荐，他当上了宋宁宗的顾问和老师，一路高升，理学也得到了宋宁宗的全面肯定。但好景不长，朱熹因为在讲课时经常批评朝政，惹恼了皇帝，被宋宁宗逐出朝廷。没过几年，朱熹在朝廷的支持者倒台，新上位的政敌发动了一场抨击理学的运动。当时的监察御史沈继祖弹劾（hé）朱熹十大罪状，除了告他"不敬于君"、"不忠于国"、"玩侮朝廷"、"私故人财"之外，还有最能败坏朱熹名声的两条罪状，一是朱熹曾引诱两个尼姑作妾，还在外出做官时将她们带在身边招摇过市，二是朱熹家中的儿媳在丈夫死后却不明不白地怀了孕，怀疑朱熹与儿媳有染。

　　令人意外的是，朱熹在上表时承认了自己的罪名，还表示要悔过自新。朱熹的认罪引起极大轰动，一夜之间，不仅朱熹斯文扫地，理学的声势也一落千丈，被斥为"伪学"。朱熹的所作所为与他一直宣扬的"存天理、灭人欲"的理学思想南辕北辙，深觉上当受骗的宋宁宗一怒之下，不仅撤了朱熹的职，还特下诏令，说凡是举荐别人做官的，一律不准录取"伪学"之士。这就是历史上著名的"庆元党禁"。四年后，朱熹就在一片"伪君子"、"假道学"的骂声中抑郁而终，时年七十岁。

　　虽然朱熹的为人很受争议，但理学巩固封建社会统治秩序的作用却不容小视。因此，朱熹去世九年后，不仅被平反昭雪，恢复名誉，跻身孔庙的"十二哲"之一，理学也丢掉了"伪学"的帽子，成为官方学问。关于朱熹当初的认罪，当权者给出的说法是受奸人所害，被迫无奈之举。到了明清时期，诋毁朱熹甚至成了一项正式的罪名。但是时至今日，关于朱熹罪名是否属实的争论依然存在。

元世祖忽必烈以儒治国

蒙古黄金家族在历史上赫赫有名，元世祖忽必烈就是黄金家族中的一员。黄金家族原指纯洁出身的蒙古人，它的由来还有一个神奇的传说。传说蒙古族有一个始祖母名叫阿兰，阿兰婚后生了两个儿子，可没过几年丈夫就去世了，丈夫去世之后，阿兰又相继生了三个儿子，因为从没见其他男人与阿兰接触，所以周围的人对三个孩子的来历十分疑惑，阿兰解释说，这三个儿子是她和一个黄白色的神仙的后代，是上天的儿子，于是这三个儿子的后人就被称为纯洁出身的蒙古人，他们的家族被称为黄金家族，成吉思汗之前的蒙古可汗都出自这个家族。

实际上，在成吉思汗死后，只有他的直系后裔，也就是他的四个儿子术赤、察合台、窝阔台和拖雷的后代才被称为"黄金家族"，才有资格继承各汗国的汗位，而元世祖忽必烈就是拖雷的第四个儿子。忽必烈全名为孛儿只斤（bó ér jǐ jǐn）·忽必烈（1215年—1294年），他出生的那一年，蒙古人正忙着开疆扩土，他的爷爷成吉思汗攻克了金国的中都。正在庆祝胜利的成吉思汗听到孙儿出生的消息，非常高兴，对他来说，忽必烈的出生可谓是锦上添花，喜上加喜，因此一直对忽必烈非常关爱，后来忽必烈情有独钟的察必皇后就是成吉思汗亲自为他挑选的佳偶。

忽必烈成长之时，正是蒙古

元世祖忽必烈像

帝国的黄金时代，蒙古族的铁骑正四处出击，所向披靡。他的父亲拖雷是一位骁勇善战的猛将，总是跟随着成吉思汗到处征战，曾有人评价说，在成吉思汗的几位皇子中没有人征服的国家和拖雷征服的一样多。正所谓老子英雄儿好汉，虽然因为四处征战的缘故，拖雷跟儿子忽必烈在一起的时间并不多，但是作为黄金家族的一员，从小在马背上经受锻炼的忽必烈，还是成长为一员机智勇敢、能征善战的猛将。

因为父亲很少在身边，忽必烈可以说是在母亲的抚育下成长起来的。他的母亲唆鲁禾帖尼别吉是一位聪明能干、极有远见的伟大女性，她不仅教育儿子们要学习骑马和射箭，还注重他们在文化知识方面的学习，在她的培养下，她的四个儿子最终都成了蒙古帝国的君王。正是在母亲的影响下，忽必烈对各类学术思想都保持着一种开放性的积极态度。在他做皇子时，就对汉人儒学感兴趣，曾请海云法师、刘秉中、赵璧等著名高僧、学者为其讲学论道，学习儒家思想。他不仅自己学儒学，对儒家经典有广泛涉猎，还命令其他人跟他一起学。曾写出千古名句"问世间情为何物？只叫人生死相许"的著名儒士元好问，就对忽必烈备加推崇，将其奉为"儒教大宗师"。

三十五岁时，忽必烈成为执掌漠南各地的藩王，管理陕西、河北、山东诸地的军国大事，并在金莲川开府建衙。他积极按照儒学的治国理政之道治理漠南诸地，立志像唐太宗李世民一样开创一番不世伟业。他在领地内招揽儒士，推行"汉法"，不仅帮助儒学恢复了被道教占去的学馆和财产，还两次颁发令旨公开宣称为儒学学子做主，其"爱民之誉，好贤之名"迅速传遍天下。久旱逢甘霖，在动乱年代渴求贤明之主的儒士们纷纷投附而来，在他的周围迅速集聚了一大批饱学之士和栋梁之才，如许衡、郝经、商挺、张易、李治、董俊、赵炳等，形成了历史上著名的"金莲川幕府"。忽必烈统治漠南近十年，为他下一步建立元王朝打下了坚实的基础，他的伟大功业也从金莲川开始起步。

蒙哥汗去世后，忽必烈成为蒙古帝国的大汗，他聘用了许多汉人在朝廷担任要职，并顺理成章地提出了"祖述变通"的建政纲领。他在即位诏书中宣称："爰当临朝之始，宜新弘远之规。祖述变通，正在今日。"即在新朝代开始之时，适宜创新调整影响深远的规章制度。效法前人的同时，又根据实际情况而变动，就在今天。忽必烈提出来的"祖述变通"，

是实行中原、草原的一国两制，即在中原地区以汉法治国，在草原地区则延续成吉思汗时期的大扎撒（成吉思汗建立蒙古国后，将原有的训令写成法规，史称《大扎撒》或《扎撒大全》，规定了不同身份的人之间的行为规范）和游牧的生活方式。对一个征服者来说，能够学习和采纳被征服地区的文化，是难能可贵的。他的汉法治国政策引起部分守旧派的大力反对和武装反抗，但是拥有雄才大略和远见卓识的忽必烈还是坚定不移地贯彻实施了自己的治国方针，正是这种"变通"和"述祖"的有机结合，成就了元王朝的百年繁荣。

为了赢得汉人儒士的信任和支持，更加有效地统治中国，忽必烈作出了迁都的决定，在汉人幕僚刘秉忠的建议下，忽必烈将新都的地址选在了今天的北京，当时称新都为大都。为了修建这座新城市，朝廷雇佣了许多外国工匠，但建筑风格还是遵循了中国模式，从中可以看出忽必烈为迎合汉族学者和儒士而作出的努力。元朝定都大都后，大都成为元朝多民族国家的政治中心。之后的明清两代也一直以这里为首都。同时，为了树立一个儒君的形象，忽必烈效仿以往汉族皇帝的模式，在刘秉忠的建议下，选择了中国字"元"作为他的国号。"元"取自《易经》中的"大哉乾元"，有发端、起源之意，表明他所统治的国家已经不是一个简单的少数民族政权，而是一个全新王朝的开始。

忽必烈对儒学的重视，还表现在他对继承者的教育和培养上。忽必烈选定的继承者是他的第二个儿子，是他钟爱的察必皇后所生。孩子出生时，他请海云法师为其取了一个中国名字，叫"真金"，即真正的金子。真金慢慢长大后，忽必烈给他指定了不少儒学名士作老师，这些老师不仅让真金学习了《孝经》、《诗经》等很多儒家经典，还将儒家的思想精华和治国理念传达给了真金。因为从小就接受汉化教育，真金也被越

辽代的文官形象

来越多的汉人所接纳。忽必烈对此非常满意，在真金不到二十岁的时候就将他封为燕王，不久之后，还把监督枢密院（唐、五代、宋、辽、元等朝代的官署名称，长官称枢密使，主要掌管军政）的重任交给了他，在真金三十岁时，忽必烈又将其立为皇太子。

戎马一生的忽必烈在晚年时遭到一连串打击，先是他最钟爱的妻子察必皇后去世，再是他亲自选定并精心培养的皇位继承人，也是他最喜爱的儿子真金英年早逝。在经受丧妻丧子打击的同时，他发动的一连串代价高昂的军事远征也遭受失败，从而影响到政权的稳定和汉人对他的支持。在这些不幸的刺激下，忽必烈变得极为沮丧和消沉，他甚至拒绝接见那些按惯例来向他拜年的人。不仅如此，他还开始酗酒和暴饮暴食，酗酒和肥胖使他的健康状况迅速恶化，在他最后的十年里，他一直被病痛所折磨。

1294年的2月18日，忽必烈这位亚洲乃至世界历史上最伟大的人物之一病逝在紫檀殿。在他死后的第七十五年，元朝灭亡。蒙古帝国虽然存在了不到一百年，但它在忽必烈的领导下，统一了草原，统一了中国大地，还把疆域远远扩张到北方的俄罗斯西部和西方的波兰、匈牙利等地，建立起横跨欧亚的世界历史上最庞大的帝国，在世界文明史和人类发展史上缔造了蒙古民族空前绝后的辉煌。

八思巴和藏传佛教

八思巴（1239年—1280年），本名罗卓坚赞，八思巴意为"圣者"，是尊称。他是藏传佛教萨迦派的第五代祖师，著名的政治家、佛学大师，他虽然是藏族人，却曾是元世祖忽必烈的老师，被誉为元朝第一帝师。

藏传佛教又称喇嘛教，是指传入西藏的佛教分支，它主要在我国青海、西藏、内蒙以及西藏周边地区流行，与汉传佛教、南传佛教并称佛教三大体系。早在公元七世纪中叶，藏王松赞干布建立吐蕃王朝时，佛教就开始大规模地传入西藏。当时松赞干布先后迎娶了来自尼泊尔的尺尊公主和来自大唐的文成公主，随同两位公主到来的，除了十分丰厚的嫁妆外，还有释迦牟尼八岁和十二岁的等身佛像以及大量佛经。在两位妻子的影响下，松赞干布也皈依了佛教，他不仅制定法律要求人们信仰佛教，还下令工匠按照自己的身量塑了一尊观音像。在藏族的传说中，松赞干布被认为是千手观音的化身，而文成公主和尺尊公主分别是绿度母和白度母（度母全称圣救度佛母，古称多罗菩萨、多罗观音，共有二十一尊，皆为观世音菩萨之化身，绿度母、白度母都是二十一尊度母之一）的化身。

佛教在西藏的发展十分迅速，有师徒传承、家族传承和活佛转世等传承方式，它的一大特点就是"政教合一"，宗教势力和政治势力紧密结合在一起，这是藏传佛教区别于其他佛教的最明显的一点。近六百年来，为了表示对佛的极度虔诚，每次朝拜，大量藏传佛教的信徒们都会跋涉千里，不畏艰难，一步一跪地磕头到释迦牟尼像前，顶礼膜拜。自十三世纪开始，藏传佛教开始传入宫廷，对当时中央政权的治藏政策和宗教政策产生了重大影响，在此过程中，藏传佛教萨迦派的第五代祖师八思巴起到了十分关键的

藏传佛教大师宗喀巴与无量寿佛、四臂观音

作用。

　　藏传佛教萨迦派的传承以家族传承为主，八思巴的伯父就是萨迦派的第四代祖师萨迦班智达。萨迦班智达是当时藏传佛教界最著名的学者之一，八思巴作为他的法定继承人，自小就受到他的良好教育。八思巴十分聪慧，任何知识只要稍加指点，就能融会贯通，他三岁就能吟诵咒语，八岁能背《本生经》，九岁就能为人讲经，有神童之称。传说他能知道自己的前世，还说自己前世是曾与观世音菩萨谈经论法的有名高僧萨顿日巴。后来，萨顿日巴的两个徒弟听说了这件事，不知是真是假，就亲自上门查证。他们到时，年幼的八思巴正与邻居家的孩子们做游戏，看到他们时，一下就认了出来，还直接说出了两人的名字，两个徒弟这才相信他是师父转世，一下跪在地上，对他万分尊敬地磕起头来。

　　窝阔台任蒙古大汗时，蒙古军队的铁蹄踏上了西藏地区。当时西藏的吐蕃政权早已分崩离析，藏传佛教也分裂成好几个派系，萨迦班智达自知西藏实力不敌蒙古，为了让西藏人民少受战乱之苦，就北上凉州表达归顺之意，并与蒙古汗王就西藏问题进行协商。回到西藏后，他还致信西藏其他各僧俗首领，规劝大家一起归降，避免西藏生灵涂炭。1247年的这次谈判，年仅十岁的八思巴也随之行的亲身体验，了进一步的认识。

1251年，蒙哥忽必烈受命管理漠南。当时，忽必烈把军队驻扎在六盘山，派使者邀请萨迦班智达到六盘山会面。萨迦班智达以年老体衰为由没有去，而是让十七岁的侄子八思巴代其赴约。当时已经三十五岁的忽必烈并没有因八思巴年龄小而轻视他，相反，二人交谈之后，忽必烈对八思巴的远见卓识大为钦佩，当即将其奉为上师。没过多久，萨迦班智达病重，八思巴急忙赶回去探视，但是萨迦班智达的病没有因为侄儿的归来而好转，不久就去世了。他去世后，八思巴开始担任萨迦寺主持和萨迦派教主，以十七岁的稚龄担起了发展萨迦教派和西藏的重任。

绿度母

行在侧，通过凉州他对政治和宗教有即位，他的弟弟

第二年，八思巴又至六盘山谒见忽必烈，并为忽必烈夫妇授萨迦派的喜金刚灌顶（喜金刚是萨迦派最重要的本尊，灌顶是受学密法必须先进行的一种仪式）。忽必烈对八思巴极为尊崇，不仅赏给他很多金银珠宝，还命八思巴掌管藏族事务，并与之约定"吐蕃之事悉听上师之教，不请于上师不下诏命"。后来，忽必烈还在八思巴的影响下，特别下了一道优待僧人的诏书，规定蒙古国的使臣们不得向僧人索取供应，摊派差役。

当时，为了争夺蒙古汗庭的信任与支持，争取更多教徒，佛教和道教之间斗争激烈，各执己见，互不相让。为了解决此事，1258年春，忽必烈按照蒙哥汗的命令，主持召开了佛道两教关于《老子化胡经》真伪问题的大辩论。辩论的一方是以八思巴为代表的佛教，共三百余人，另一方是以张志敬真人为代表的道教，有二百多人，由忽必烈的主要谋士姚枢、窦汉卿等任裁判。在辩论中，年仅二十三岁的八思巴担任了佛教一派的主辩手。经过一番

· 150 ·

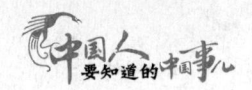

激烈的唇枪舌剑，这场盛大的辩论会以道教一派的认输而告终。经此一战，忽必烈对八思巴等佛教高僧更是推崇有加。而失败的道教人士就比较凄惨，不仅部分道观被改为寺庙，大量道经被焚毁，道士樊志应等十七人还被送至龙光寺削发为僧，真是里子面子全丢尽了。

忽必烈称帝后，立即封八思巴为国师，授权其管理天下佛教。定都中都后，忽必烈新设立了一个名叫总制院的政府机构，专门掌管全国佛教和西藏地区的僧俗政务，并任命八思巴为总制院的负责人。后来，八思巴还以藏文字母为基础发明了新的蒙古文字，称为八思巴字。这种新文字简便易学，拼写准确，受到忽必烈的喜爱和好评，他下诏命令全国推行新文字。发展到后来，八思巴字逐渐取代了过去的旧文字，成为元代唯一合法的"国字"，到元朝灭亡时，八思巴字早已经成为蒙古大小衙门通用的官方文字。随着八思巴字的推广，八思巴的名字也为更多的人所认识。为了表彰他的功绩，忽必烈在赏赐黄金白银的同时，还下诏晋升八思巴为帝师大宝法王。

为了表示对八思巴的尊崇，忽必烈曾打算下道诏令，让西藏境内的其他教派都改从萨迦派，却被八思巴拒绝了，因为在八思巴看来，藏传各教派都是依据本宗传承清净佛学的，不应该从政治上区别对待，强令禁止。他的这一做法，赢得了藏传佛教各派的广泛尊重。1277年，四十三岁的八思巴在西藏地区举办了一场大法会，西藏各地的七万名僧人纷纷赶来参加，史称"曲弥法会"。在这次法会上，元朝皇太子真金代表其父忽必烈向与会僧人每人布施了一钱黄金和一套袈裟，仅此一次，就施舍出了七万钱黄金和七万套袈裟，元朝政府对八思巴和西藏地区的重视和支持可见一斑。

1280年11月22日，一代高僧八思巴英年早逝，圆寂时只有四十六岁。两年后，元世祖忽必烈为了纪念他，特意在京师为他建造了舍利塔，谥为"皇天之下一人之上开教宣文辅治大圣至德普觉真智佑国如意大宝法王西天佛子大元帝师"。

明朝文坛复古风

明孝宗朱祐樘（chēng）是明朝的第九位皇帝，与历朝历代拥有三宫六院的皇帝相比，他是唯一一个实行一夫一妻制的皇帝，一生就只有张皇后一个女人，只有明武宗朱厚照一个儿子。在普通人都三妻四妾还不止的时代，一位站在权力顶端的帝王只有一个老婆，实在难能可贵，也由此可见朱祐樘对张皇后非同一般的喜欢。可惜的是，这位独受宠爱的皇后并不是一个贤明睿智的女人，在她的包庇纵容下，鸡犬升天的张氏族人贪赃枉法，鱼肉百姓，无恶不作，成为社会一大毒瘤。在皇帝都对张氏外戚睁一只眼闭一只眼的时候，张皇后的亲弟弟、国舅爷张鹤龄竟然在大街上被一位文人大骂痛殴，被其打落两颗牙齿，还不敢与之计较。这位敢打国舅的人就是明朝文坛复古派前七子的领袖人物李梦阳。

李梦阳（1472年—1530年），字献吉，号空同，庆阳府安化县（今甘肃省庆城县）人。他家世寒微，出身于商人之家。在士农工商商排最后的社会，商人是很让读书人看不起的，但是受家庭环境的影响，李梦阳并不觉得商人谋利是件丢人的事，反而颇为赞许。李梦阳中进士入朝廷后，为官刚正不阿，敢于同外戚势力作斗争，他曾上书孝宗皇帝，历数国舅张鹤龄的罪状，却被关入大牢，差点为此送命。作为一位耿直刚正之臣，他一生仕途坎坷，五次入狱，四次东山再起，空有一身治国之才，却没有实现自己的理想与抱负。但在文学领域，他提出了"文必秦汉，诗必盛唐"的主张，并推动了文学复古运动的开展，产生了广泛而深远的历史性影响。和李梦阳一样，同样倡导和高举文学复古运动大旗的还有何景明、徐祯卿、边贡、康海、王九思和王廷相等人，历史上称他们为前七子。

当时的文坛上出现了一种台阁体的诗文,作者主要是当时内阁与翰林院的一些文官们。这种诗文只追求遣词用句的雍容典雅,内容比较贫乏,基本上都用来粉饰太平、歌功颂德,毫无创新和生气,影响十分恶劣,是诗歌创作上的一种倒退。加上明初实施的八股取士的制度,使得许多士子们只知四书五经,而不识其他著作,只知迂腐庸俗的八股范本,而不知其他文体。面对流行一时的台阁体诗文和千篇一律的八股习气,以李梦阳和何景明为代表的前七子高举文学复古的大旗,提出了一种以复古求革新的新路子,他们摒弃了自西汉以后的所有散文和自中唐以后的所有诗歌,大力提倡"文必秦汉,诗必盛唐"。这种复古主张一提出来,迅速风行天下,成为文学思想的主流,使人们开始关注和学习情文并茂的汉魏盛唐诗歌,对消除八股文的不良影响、拯救萎靡不振的诗风具有重要意义。正是受这种文学复古运动的影响,明代出现的一些诗选、诗编大都只收录了中唐以前的诗歌作品。

虽然前七子都主张文学复古,但在具体的文学见解和文学创作上各有特色,不尽相同。如李梦阳主张"刻意古范"、"独守尺寸",一字一句都要模拟前人,他写的诗风格大多豪迈雄壮。而何景明比李梦阳更灵活些,认为学习古人的作品只要"领会神情"就好,应该"不仿形迹",不显露模拟的痕迹,他的诗偏重才情,风格偏向清新自然。另外,徐祯卿在诗论上颇有成就,康海、王九思的创作主要以散曲、杂剧为主,边贡、王廷相则以清新明快的短诗出名。前七子虽然倡导复古,但并非一味地食古不化,而是包含着个人的思考和探索,但是由于过分强调复古,他们在创造性上有所欠缺,给文坛带来新的流弊。

李梦阳对宋代人的抨击最为激烈,认为宋代"无诗"。他主张"真诗在民间",认为感情真挚、生动活泼的民间诗歌才是最应该推崇的。他在作诗的过程中,受到民歌的很多影响,他的《长歌行》等诗篇就是用古朴的语言以民谣的格调创作而成的。他不仅自己关注民间诗歌,在别人向

明代的双龙戏珠纹盘

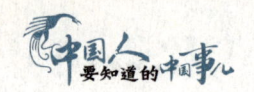

他学诗时,他还教别人模仿当时流行的市井小调进行创作。李梦阳在倡导复古时,还十分强调对"格调"的追求。他认为,各种诗文的体格出现越早的越好,诗歌的音调要和谐完善,强调文学的审美特征和艺术技巧。

　　前七子皆是进士出身,有的还是当时的状元郎,都是身负盛名的青年才俊,也都是在政治上敢于与黑暗势力作斗争的人,因此在他们的诗文创作中均有一些感怀时事、揭露现实的作品。李梦阳在《自从行》一诗中说:"若言世事无颠倒,窃钩者诛窃国侯。"其大意是说,怎么能说世上没有颠倒的事呢,你看那些偷东西的人都被抓去诛杀了,而那些靠权谋取得了皇上信任的窃国者却升官做了王侯。他用这两种偷窃行为的不同结果深刻表达了对腐败朝政的极度不满。另外,他在《朝饮马送陈子出塞》中说:"万里黄尘哭震天,城门昼闭无人战。"更是直截了当地道出了当时老百姓的悲惨处境和政府军队的腐败无能。

　　类似题材在前七子的另一骨干何景明的作品中也常出现。何景明在其《玄明宫行》一诗中开门见山地说:"君不见玄明宫中满荆棘,昔日富贵

《明宪宗元宵行乐图》。描绘了明代元宵节(农历正月十五)时宫中的行乐盛况

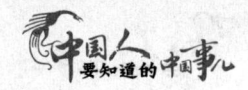

今寂寞。祠园复为中贵取，遗构空传孽臣作。"通过玄明宫的盛衰，抨击了宦官、权臣的穷奢极欲。他还在《东门赋》一文中，表达了自己对宋儒"饿死事小，失节事大"的反人性教条的看法。《东门赋》写了一对夫妻在面临饿死的危难之时，丈夫劝妻子另觅生路，妻子却因不愿失节而宁愿饿死，于是丈夫劝解她说："死生亦大，尔何良苦。死为王侯，不如生为奴虏；朱棺而葬，不如生处蓬户。生尚有期，死即长腐。潜寐黄泉，美谥何补！"在这儿，何景明通过丈夫的口写出了自己的观点，即一切的教条都不应该剥夺人的生命和生存权力。除了李、何两人外，王九思的《马嵬（wéi）废庙行》、边贡的《运夫谣送方文玉督运》、王廷相的《西山行》等，也是揭露和批判当时黑暗社会现实的作品。

　　明朝中期轰轰烈烈的文学复古运动，时间长，规模大，不仅是文学领域的改革运动，也给当时的政治改革和社会思想的解放带来极大影响，在中国文学史上有承上启下的重要作用。到了明末嘉靖、隆庆年间，以李攀龙、王世贞为代表的后七子，深受李梦阳、何景明等前七子的影响，继续提倡复古，声势更为浩大。他们认为古文已经非常完美，今人只要模拟古人就好，把复古运动引到了一个极端。后七子在文坛上活跃的时间较长，在后七子复古运动的后期，受公安派、竟陵派的攻击，文学复古运动影响渐弱，不再能够左右文坛。

王守仁的"阳明心学"

王守仁（1472年—1529年），字伯安，号阳明，是宋明心学的集大成者。心学作为儒学的一个门派，最早可追溯到孟子，王守仁继承了南宋陆九渊"心即是理"的思想，首次提出"心学"二字，并提出心学的宗旨在于"致良知"，他的这一理论通常被简称为王学或阳明心学。"格心派"的陆王心学与"格物派"的程朱理学是当时儒学内分庭抗礼的两个主要流派。

明宪宗成化八年（1472年），王守仁出生于今浙江省余姚市的一个官宦世家里，其远祖是东晋大书法家王羲之。王守仁一生成就卓著，不仅是明代著名的思想家和哲学家，还是著名的文学家、书法家和军事家，是个历史上罕见的能文能武的全能大儒。他虽是通过文士科举出仕，却是从领兵征战的武官开始做起，并一路官至南京兵部尚书、南京都察院左都御史，后来还因军功赫赫而被封侯。王守仁虽以文武全才闻名于世，但他在幼年时并没有显出什么特别的聪慧或才华。据《明史》记载，王守仁小的时候不叫王守仁，而叫王云，因为长到五岁还不会说话，所以其父王华按照一位高僧的建议，将儿子的名字改为王守仁，从此之后，他才开始说话。

王华对儿子的教育十分严格，

王阳明像

王守仁学文习武时十分刻苦。他读的书不只限于当时八股取士时限定的四书五经,还广泛涉猎道、佛等各家书籍,因此思想非常活跃,常有一些惊人的独到见解。他十岁时,父亲王华高中状元,王守仁随父赴京,路过金山寺时,他在父亲与友人的一次聚会上作了一首诗叫《蔽月山房》,诗曰:"山近月远觉月小,便道此山大于月。若人有眼大如天,当见山高月更阔。"意思是从不同的视角看事物,看到的东西就会不一样。此诗一出就震惊四座,成为王守仁第一首流传千古的诗。

明武宗朱厚照像

与一般循规蹈矩的酸腐文人不同,王守仁自少年起就豪迈不羁,他在学习文化课的同时,还十分注重武艺和兵法的学习,年轻时就曾出游边关,练习骑马射箭。二十八岁时,王守仁考取进士,被授予兵部主事的职位。因为他是文士做武官,所以当时提督军务的太监张忠非常看不起他。有一次,为了让王守仁出丑,他强令王守仁当众射箭,王守仁推辞不过,只得上场,结果所发三箭全中红心,令张忠十分尴尬。

正德元年(1506年),明武宗朱厚照刚刚登基,宦官刘瑾把持朝政。这年冬天,仍在做兵部主事的王守仁因反对宦官刘瑾,被当众打了四十大板,贬到贵州龙场做了一名小小驿丞(明清之制,各州县设有驿站,驿丞主要掌管驿站中的仪仗、车马、迎送之事,不入品)。不仅如此,刘瑾还在王守仁前往龙场的半路上安排锦衣卫追杀,万幸都没成功。龙场驿站处在西南山区,那儿虫蛇遍地,毒瘴弥漫,十分荒凉,历经艰险来到龙场的王守仁,无房无粮,只能日日苦熬。仕途失利、沦落天涯的痛苦生活使王守仁的思想慢慢发生转变,开始转而追求精神上的安慰和解脱。他回想自己的人生经历,日夜反省,忽然在一天夜里有了顿悟,认识到人的内心包含世界运行的规则,圣人的光明品质即良知,人人都具有,这种良知只能从人的内心中去寻找,根本不必求之于外物。他的这次顿悟就是历史上著名的"龙场悟道"。

王守仁所悟之道,简单来说就是"心外无物,心外无理"的心本论,这一思想否定了朱熹"求理于事物"的主张,认为万事万物之理皆在人心,心明便是天理,所以圣人之道只能求理于心。有人对他"心外无物,心外无理"的理论表示不解,就问王守仁说:"南山里的花自开自落,与我的心有什么相干呢?"王守仁回答说:"你没看见那朵花时,它与你的心同归于寂,当你看见那朵花时,则花的颜色、形状便一下子鲜明起来,可见,这朵花并不在你的心外。"这次思想飞跃,使王守仁一下子豁然开朗,重新振作起来。他教当地居民搭建房屋,改善生产生活条件,还授徒讲学,传授自己"心理合一,求理于心"的新理论,深受四方学子的欢迎。

正德三年(1508年),王守仁在贵阳文明书院讲学的时候,第一次提出了知行合一的学说。在这里,"知"指的是人的道德观念和思想意识,"行"指人的道德实践和实际行动。在王守仁看来,知中有行,行中有知。表现在道德教育上,他认为道德意识离不开道德行为,道德行为也离不开道德意识,一切道德都是个体的自觉行动,如果只有道德意识而没有去采取实际的道德行动,就不能算是真知。因此他说,良知,无不行。同时,他还强调了知对行的指导作用,认为知是行之始,行是知之成,认为只有按照道德意识的指导去行动,才能达到"良知"的完成。王守仁的这一学说不同于朱熹、陆九渊把知行分作两截的主张,相对来说更为先进和科学。王守仁之所以提出这一理论,是为了避免"一念不善",他声明说:"我今说个知行合一,正要人晓得一念发动处,便即是行了。发动处有不善,就将这不善的念克倒了,须要彻根彻底,不使一念不善潜伏在胸中,此是我立言宗旨。"说白了,就是要人们恪守儒家的伦理道德。

刘瑾被诛后,王守仁重新起复,从一名小小知县,一步步升到南太仆寺少卿。正德十二年(1517年),西南部地区发生民变,王守仁被举荐前往平乱。不到两年时间,王守仁就连连攻破乱民的军寨,为减少战争带来的破坏,他还亲自深入敌营劝降招安,迅速平定了战乱。三年后,宁王

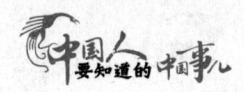

起兵谋反,叛军人数有十万之众,一路势如破竹,大有直取京城之势。王守仁与叛军大战鄱阳湖,只用了三十五天,就大败叛军,生擒宁王。这场关乎江山社稷兴亡的大胜利不仅没有给他带来奖赏,反而引起明武宗的不满,因为明武宗觉得这种大战只有御驾亲征才能显示"皇威",他认为王守仁抢了自己的风头,丢了自己的面子,竟要王守仁放了宁王,让自己与宁王重打一次。面对如此匪夷所思的命令,王守仁无奈之下,只好连夜将宁王交给明武宗手下的太监,重新修改捷报,将平叛胜利的功劳全推给了皇帝,这才平息了事端。

到明世宗继位时,王守仁总督两广军务,他在任期间,击溃了当地瑶族和侗族等少数民族的地方武装,稳定了两广地区的局面。因为军功显赫,王守仁被一路加封为光禄大夫、柱国、新建伯,后又加封为侯爵。功劳太多了也不是一件好事,没过多久,王守仁因功高震主,受到皇帝的猜忌,就辞去一切官职,回到家乡专心讲学。几年后,王守仁又被派到两广地区总督两广军事,干了没一年,他就因肺病加重而再次请辞。在回程的路上,王守仁病情恶化,最终病逝于江西南安的一艘船上。在临终之际,他身边的学生问他有什么遗言,他笑着说:"此心光明,亦复何言!"去世时,这位成就卓著的伟大思想家、军事家还不到六十岁。

狂人李贽的反封建学说

明万历三十年（1602年），一位还未被最后定罪的七十六岁老人在狱中自杀，他趁人不备，用剃刀猛地割向自己的喉咙，血一下子涌了出来，巨大的疼痛使他摔倒在地上，或许因为用力小了，伤口不深，血流得不是很快，他躺在那儿，两日后才气绝。这位老人就是晚明思想启蒙运动的旗帜，杰出的进步思想家、文学家和史学家李贽（zhì）。

李贽（1527年—1602年），字宏甫，号卓吾，别号百泉居士、龙湖叟等，是一位以"奇谈怪论"闻名天下的狂人和奇士。他主张"革故鼎新"，反对儒家泛道德主义的思想禁锢，对男尊女卑、假道学、社会腐败等弊端进行了深刻揭露和批判，一石激起千层浪，他的反封建思想和言论的引起社会的广泛关注和激烈争论，为明代的思想解放做出了重要贡献。

李贽从小就信学，不信道，求个性解放和思见，从不人云亦云。即使是对统治阶级大力推崇的儒家学派创始人孔子，他也敢进行批判。十二岁时他就写文章，反对孔子把种田人看成"小人"。他认为，孔子也没什么了不起的，只是一个普通人，并不是什么圣人，如果一定要将孔子奉为圣人，言行举止都要向孔子

李贽像

· 160 ·

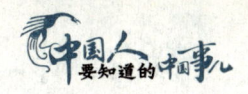

学习，那就是"丑妇之贱态"。对于《六经》、《论语》、《孟子》等儒家经典，李贽也表示了极大的轻蔑，认为其"乃道学之口实，假人之渊薮（sǒu，渊薮指人或物聚集的地方）"，意思是说这些所谓的圣人典籍，都是懵懂弟子们的随笔记录，大多数都不是圣人之言，即使是圣人之言，那也只对当时的社会时弊有效果，而不能把它当作万世皆准的教条来随便套用。李贽的这种言论，在尊孔子为至圣先师的古代，简直可以说是一种大逆不道的行为，自然会受到封建正统势力的诋毁和攻击。

嘉靖三十一年（1552年），二十六岁的李贽考中举人，开始入仕。从嘉靖三十五年（1556年）至万历五年（1577年）的二十多年间，李贽先是作了河南共城县教谕，相当于今天的县教育局局长，后擢升为南京国子监博士、北京国子监博士，接着又调任南京刑部员外郎。虽然浸淫官场二十多年，但李贽并没有被黑暗官场所腐蚀，反而对那些道貌岸然的伪君子和假道学们更加痛恨。他说那些所谓的道学家们，都是为了求得高官厚禄而读书，都是为了显示自己的尊贵而做官，那些口是心非、言行不一的伪君子们，明明作恶多端，反而一再强调要仁义向善，明明自己固执己见，反而嘴上还说什么不要自以为是，这些人不过是在用满口的仁义道德来"欺世获利"。因此，当他发现好友耿定向的假道学面貌后，立即与其绝交。但两人交恶后，李贽与耿定向的弟弟耿定理、耿定向的学生焦竑（hóng）等仍然保持着莫逆之交的情谊。

五十一岁时，李贽升任云南姚安知府，算得上是手握大权的地方大员。虽然早在宋代就有"三年清知府，十万雪花银"的谚语，但李贽一直坚持着"一切持简易，任自然，务以德化"的为官准绳，在他府衙的楹（yíng）柱上写有这样一副对联："听政有余闲，不妨甓（pì，砖）运陶斋，花栽潘县；做官无别物，只此一庭明水，两袖清风。"虽然一再高升，但由于李贽"离经叛道"的思想言论与上司的见解常常大相径庭，再加上他廉洁奉公，生活俭朴，与周围的人也显得格格不入。因此，当官的二十多年里，他一直深感压抑。为了摆脱官场的束缚，寻求精神上的自由，他毅然辞掉官职，远离了官场。

同绝大多数辞官返乡、荣归故里的人来说，李贽辞职以后的选择也颇让人意外，他没有回乡，而是带着妻女投奔了自己的好友耿定理，在耿定理家

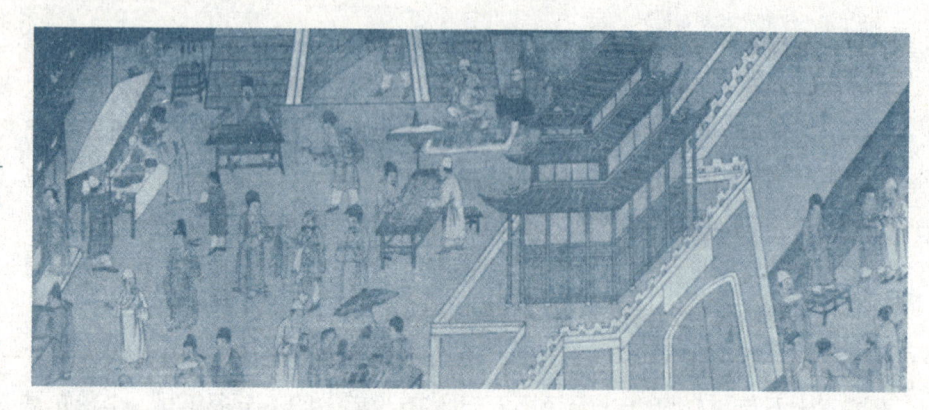

明代的《皇都积胜图》（局部）。此图描绘了明代京城及郊外的情景

乡黄安的天台书院做了一名老师。他说："我已经老了，能够得到一两位朋友，并能与他们天天见面以度余生，这已经是全天下最为快乐的事情了，又何必返回故乡呢？"不幸的是，没过三年，耿定理就去世了，李贽对好友的死感到十分悲痛，相继写了三首五言长诗来悼念他。因为与耿定向交恶，耿定理死后，李贽就携妻女离开了耿家。他把妻女送回福建泉州老家后，就从黄安移居到了麻城，独自一人定居在麻城龙潭湖旁的芝佛院。

芝佛院远离城区，人迹罕至，正是李贽理想中的能够专心著述讲学的地方。他在那儿住了近二十年，完成了《焚书》六卷等著作。在文学创作方面，他提出"童心说"，认为好的文学作品要"绝假还真"，具有真情实感，即"真心"，而不应一味刻板地模拟古文。他直接而坦然地承认自己的著作是"离经叛道"，同时也坚定地表示"我可杀不可去，头可断而身不可辱"，英勇地站在了封建的社会正统势力的对立面。之所以给自己的著述取名"焚书"，是因为他意识到自己的言论在当时的时代是非主流，极有可能会被烧掉，后来发生的事情也确实像他预料的那样。

李贽在著作中对封建统治者的残暴统治进行了深刻揭露。在《焚书》中，李贽记载了这样一个故事，说的是汉宣城有一位叫封邵的郡守，十分贪婪残暴，有一天，封邵突然化成了一只大老虎，开始直接吃人。李贽在书中说："昔日虎伏草，今日虎坐衙。大则吞人畜，小不遗鱼虾。"这深刻地揭露了当世官吏们"吃人"禽兽的真面目。他还通过对《水浒》的另类点评，表达自己对黑暗统治的不满。如他在点评鲁智深三拳打死镇关西

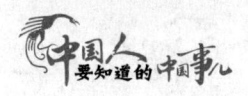

时，曾激动地在书页上把鲁智深赞誉为仁人、圣人、勇人、神人、罗汉、菩萨、佛，这一连串的肯定和推崇，真实地反映出李贽反对黑暗现实的鲜明立场。

　　同时，李贽对那些吃人的封建教条也完全嗤之以鼻。他说，人根本不存在高低贵贱之分，老百姓有其尊贵之处，王公贵族也有卑贱的地方，即"致一之理，庶人非下侯王非高，在庶人可言贵，在侯王可言贱"。对那些深受封建礼教迫害的可怜妇女们，李贽也在书中为其鸣不平。他在《焚书·答以女人学道为短见书》中，深刻批判了男人之见尽长、女人之见尽短的说法，认为性别上有男女之分，但见识上没男女之分，男人之见未必长，女人之见未必短。这已经可以看作是对传统封建礼教的直接挑战了。他的言论受到庶民的热烈欢迎。

　　李贽不仅在言论上离经叛道，在行为上也是如此。万历十六年（1588年），为了不让家庭俗事牵绊自己，李贽毅然剃发出家。但他虽身入空门，却不受戒，不做僧众的功课，被当地的保守势力视为异端，群起围攻。万历二十八年（1600年）冬，湖广佥（qiān）事冯应京以"维护风化"的名义，指使歹徒烧毁了龙湖芝佛院，又毁坏了李贽准备死后藏骨的墓塔，要把李贽驱逐出境。李贽的朋友听说后，就把当时已经七十五岁的李贽接到了通州莲花寺。第二年，李贽就以"敢倡乱道，惑世诬民"的罪名被捕，同年三月，李贽自绝于狱中，并在狱中写下绝命诗："志士不忘在沟壑，勇士不忘丧其元。我今不死更何待？愿早一命归黄泉。"

黄宗羲和《明夷待访录》

在浙江宁波市区,有一家中国现存最早的私家藏书楼,也是亚洲现有的最古老的图书馆,名叫天一阁,由明朝中期退隐的兵部右侍郎范钦所造。天一阁由范钦的后人共同管理,阁门和书橱的钥匙由各房分别掌管,除范家人外轻易不接待外人,只有各房齐集,一致同意,才能打开阁门。而明末清初的思想家黄宗羲就凭着自己的过人才学和道德气节,成为第一个破例登上天一阁的外姓人。

黄宗羲(1610年—1695年),字太冲,号南雷,别号梨洲老人,学者尊称其为梨洲先生,与顾炎武、王夫之并称为清初三大思想家。他是东林七君子之一黄尊素的长子,与两个弟弟黄宗炎、黄宗会号称"浙东三黄"。明万历三十八年(1610年),黄宗羲出生于浙江余姚县的一个小乡村。据说在他出生前,他的母亲曾梦见一只麒麟闯进怀中,所以,给他起乳名叫"麟儿"。

黄宗羲的父亲因弹劾魏忠贤而被害死。崇祯元年(1628年),魏忠贤倒台被诛,十八岁的黄宗羲进京为父申冤,并上书皇帝,请求捉拿阉党余孽许显纯、崔应元等。当年五月,刑部会审许显纯、崔应元,黄宗羲出庭对证,他趁人不备,拿出藏在衣袖里的锥子刺向许显纯,刺得许

黄宗羲像

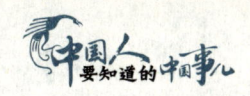

显纯浑身是血，又把崔应元痛殴了一顿，拔光了崔应元的胡子，让众人目瞪口呆。官司打完后，他携带全家子弟在大狱门前搭起祭坛，祭奠父亲，哭声一直传到皇宫中，崇祯帝叹其为"忠臣孤子"。

为父亲平反后，黄宗羲回到家乡，拜著名哲学家刘宗周为师，发愤苦读。崇祯十五年（1642年），黄宗羲去北京参加科举考试，没有考中。两年后，李自成攻占北京，明朝灭亡。同年五月，在江南的一部分明朝官僚在南京拥立福王朱由崧为帝，建立南明弘光政权。黄宗羲因为参加复社，又是东林党后人，被捕入狱。第二年，清军攻下南京，弘光政权分崩离析，黄宗羲乘乱脱身，返回余姚老家。后来，随着清军铁蹄的步步逼近，黄宗羲和其他有志之士一起组织了多次抗清运动，但均以失败告终。在此期间，黄家祸患不断，他的弟弟黄宗炎两次被捕，多次受刑；儿媳、小儿子、小孙女都因病离世；故居老宅也两次遭火灾。抗清失败后，黄宗羲开始隐居讲学，在康熙二年（1663年）至康熙十八年（1679年）的十六年间，他在慈溪、绍兴、宁波、海宁等地设立学馆，著书讲学，声誉日隆。

康熙十七年（1678年），康熙帝下诏征"博学鸿儒"入朝为官，黄宗羲让学生代为力辞。两年后，康熙帝又命地方官隆重邀请其赴京修《明史》，黄宗羲以年老多病为由再次坚辞。之后，黄宗羲停止讲学，全力著书。康熙二十九年（1690年），康熙帝又召他进京做顾问，年已八十的黄宗羲以老病为由推辞。五年后的盛夏，黄宗羲久病不起，与世长辞。他去世前叮嘱家人要丧事从简，遗体"用棕棚抬至圹中，一被一褥不得增益"，"安放石床，不用棺椁，不做佛事，不做七七，凡鼓吹、巫觋（xí）、铭旌（jīng）、纸幡、纸钱一概不用"。

黄宗羲从"民本"立场来抨击君主专制制度，其著作《明夷待访录》集中体现了他的政治思想。黄宗羲在《明夷待访录》的首篇《原君》中，首先阐述了人类设立君主的本来目的。他说，远古时期，人类设立君主，是为了使君主负担起抑私利、兴公利的责任，"使天下受其利"，"使天下释其害"，那时候，天下为主，君主为次，君主们经营一世都是为了造福天下，所谓君主只是天下的公仆而已。然而，后来的君主却与之相反，他们认为天下的权益都出自于君主，都应归君主所有，而天下之害都应该由人民来承担。他们的统治是为了使天下人不敢谋求和维护个人利益，他们认为君主个人的利益就是天下人的"大公"，天下人都应该为他的一己私利而做牛做马。在他们看来，天下就是一份可以传之子孙、享受无穷的产业。后世君主们这种"家天下"的行为已经脱离了设立君主的初衷。

因此，黄宗羲提出要限制君主的权利。在此基础上，黄宗羲首先阐述了自己的君臣观。他说，一个人成了君主，就得治理天下，而天下之大，不可能一个人就能治理，所以就设置文武百官共同治理，那些官员们都是君主的分身。因此，所谓君与臣，只是名字上的不同，本质上都是一样的，都是共同治理天下的人。所以，那些当君主的人，不应该高高在上、唯我独尊，而应该努力尽到自己的责任，为天下兴利除害，做不到的就应该退位让贤，而不应该老想着传天下于子孙。那些当臣子的，要把自己当做君主的老师和朋友，而不是君主的奴仆或侍妾，要明确出仕为官的目的是为了天下，而不是为君主，是为了万民，而不是为一人。如果那些当官的把天下人民看作君主的囊中私物，把自己的职责看作当君主听话的看家狗，完全置人民于水火而不顾，那么，这些人即使能辅佐君主成就盛世，也不值得肯定，因为"天下之治乱，不在一姓之兴亡，而在万民之忧乐"。这与封建伦理一直倡导的"君为臣纲"，"君要臣死，臣不得不死"的观点完全不同，对君主专制理论带来极大冲击。

明确了君臣的关系和职责后，黄宗羲又提出了设立宰相的政治主张。他说，明朝之所以没能得到好好治理，是因为朱元璋废除了丞相制度。为了论证这一观点，他提出了三条论据。第一，古代的君臣之间，臣子向君主行拜礼时，君主必会答拜，二者之间是平等的关系。到了秦汉时期，虽然君主答

明代吕文英所绘的《货郎图·冬景》

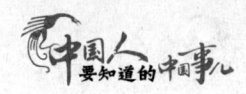

拜的礼仪废除了，但是君主和丞相之间至少还保持着主客之间的关系。到了明朝，君主废除了丞相一职后，天子没了可以匹敌的人，就更加专断独行、为所欲为了。第二，君权世袭，天子传子，但是天子的儿子并不是每一个都是贤主，在这种情况下，有宰相从旁辅助，"足以补救"，但是废除宰相之后，天子的儿子一旦不贤，就没有人能监督或辅助，必然会给国家和人民带来无穷灾难。第三，废除宰相后设立的内阁，没有宰相原来的实权，天子只能依靠宫奴来处理政事，从而导致了明代危害巨大的宦官专权。因此，在黄宗羲看来，宰相一职的设立是限制君权过分膨胀的有效措施。

作为一位教育家，黄宗羲还十分注重学校在政治上的重要作用。他认为，设立学校，不只是为了培养人才，还要使学校成为议政的场所，通过学校的良好风尚，形成强大的舆论力量来设法左右政局，他认为只有这样，才能使"盗贼奸邪，慑心于正气霜雪之下，君安而国可保也"。同时，他也反对单一的科举取士政策，主张不拘一格招纳贤才，还特别强调要制定制度，防止那些权贵子弟通过不正当手段在考试过程中胜过平民。

黄宗羲学识渊博，经史百家、天文、算术、释、道、乐律无所不通。他的民主启蒙思想空前绝后，影响深远，被誉为"中国思想启蒙之父"。

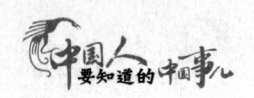

顾炎武的明道救世思想

在国家和民族危难之际,"天下兴亡,匹夫有责"这一口号成为激励无数爱国志士前仆后继、努力奋进的精神动力,而提出这一口号的人就是明末清初著名思想家顾炎武。

顾炎武(1613年—1682年),原名绛,字忠清,明朝灭亡后改名为炎武,学者尊称其为亭林先生。他反对唯心主义的宋明理学,主张经世致用的明道救世思想,明确提出"君子为学,以明道也,以救世也",开启了一代朴实学风,被看做清学的开山始祖。

明万历四十一年(1613年),顾炎武出生于江苏昆山的一个名门望族家庭里。他很小的时候就被父母过继给了堂伯顾同吉,堂伯早逝,他在嗣母(本族本姓亲属无子女,过继给他们做子女的,子女称其过继父亲为嗣父、过继母亲为嗣母)王氏的抚养下长大成人。王氏从十六岁起未婚守寡,她白天纺织,晚上看书,常常看到二更天才睡,在顾炎武小的时候,就给他讲了很多岳飞、文天祥等忠义之士的爱国故事。顾炎武从小就特立独行,很有主见,他对八股取士制度十分反感,曾说"八股之害等于焚书,而败坏人才有甚于咸阳之郊",认为八股取士制度比秦始皇的焚书坑儒危害更大。于是,从二十七岁起,他就断然放弃了通过科举致仕的打算,开始遍览群书,特别是有关农田、水利、矿产、地理、交通等方面的实用

顾炎武像

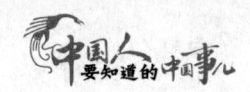

之学,并且开始撰写《天下郡国利病书》和《肇(zhào)域志》。

顺治元年(1644年),清军攻占京师的消息传到江南后,人心惶惶,为了躲避战乱,顾炎武开始带着家人东躲西藏。他本对南京弘光政权寄予厚望,还为其出谋划策,撰写了著名的"乙酉四论",但遗憾的是,他还没来得及赶到南京,弘光政权就被清军所灭。当时,江南各地的抗清义军纷纷揭竿而起,顾炎武毅然投笔从戎,加入了义军行列。他所在的义军被清军打败后,他又潜回昆山,参加了昆山保卫战。经过二十多天的殊死较量,昆山失守,全城死难者达四万余人。在这场战争中,顾炎武的两个弟弟被清军所杀,他的亲生母亲何氏也被清兵砍断了右臂,顾炎武因之前有事外出而幸免于难。

噩耗传到顾炎武嗣母的耳朵里,这位烈性女子毅然绝食殉国,她在临终前嘱咐顾炎武说:"我虽是一介妇人,但身受国恩,以身殉国是理所应当。如果今后你能不做异国的臣子,不辜负世代国恩,不忘记先祖的遗训,那么我在九泉之下就可以瞑目了!"安葬母亲后,顾炎武又投入到抗清运动中,虽然一再受挫,但他抗清的决心一直没有改变。他在《精卫》一诗中说:"万事有不平,尔何空自苦?长将一寸身,衔木到终古。我愿平东海,身沉心不改。大海无平期,我心无绝时。"借精卫填海的故事表达了自己坚定不移的爱国抗清之心。

顺治十二年(1655年),顾炎武回到家乡昆山。当时,昆山有个地主叫叶方恒,他见顾家日益没落,顾炎武又久不归家,就产生了霸占顾家财产的恶念。他勾结顾家的仆人陆恩,打算致顾炎武于死地。顾炎武知道后,秘密处决了陆恩,却不慎被叶方恒所抓,被其私下关押,打算逼他自杀。后经友人从中斡(wò)旋,顾炎武才被移交官府,并以杀死罪奴的名义结案。等顾炎武两年后出狱,叶方恒还不肯罢休,又派人追杀他,差点要了他的命。无奈之下,顾炎武只好变卖家产,离开昆山,选择到北方游历。

之后的二十多年里,顾炎武在山东、山西、河北、江南等地来回奔走,一方面考察各地的风俗民情,一方面结交朋友共同抗清。奔波在外的那些年里,他每年都有近一半的时间住在旅店里,到了晚年,觉得自己老了,走不动了,他才在陕西华阴重新定居下来。在此期间,他根据自己调查走访过程中积累的材料，撰写了一本综合性文集《日知录》，该书涉及政治、经济、历史、地理、文艺等各个方面，内容极其广泛，是顾炎武的代表性作品之一。

顾炎武提倡经世致用之学，注重实地调查。他在北方游历的时候，无论走到哪儿，身边都会跟着两匹马、四匹骡子，马和骡子背着厚厚的书箱，里面满满的都是他收集到的材料和随手记录下来的见闻。每到一地，他都会对照书籍上的记载，核实当地的地理形势和风土人情。如果遇到那些关塞险要、难以到达的地方，他就访问当地的退伍老兵，向他们打听那里的风俗民情，如果跟书本上的记载不同，他就会马上记录下来，做出更正。就这样，随着他走过的地方越来越多，他掌握的各种知识也越来越丰富。

顾炎武做学问十分反对空谈，特别强调实用性，经世致用、明道救世是他的理论的鲜明特征。对心怀天下、忧国忧民的顾炎武来说，只有明确了明朝末年黑暗社会现实的形成原因，才能对症下药，改革弊制，逐步实现国家和民族的繁荣富强。因此，他在《天下郡国利病书》中，首先对土地兼并和赋税繁重不均等社会积弊进行了深刻揭露，又在"乙西四论"中，明确将造成上述社会问题的根源归结于封建君主专制制度，表达了要进行社会改革的愿望。在《日知录》中，他更是明确宣称，自己的写作目的就是"拨乱涤污"，为后来的学者带来启示，为后世的统治者提供治国良方。

顾炎武从明道救世的经世思想出发，还提出了"利国富民"和"藏富于民"的主张。在他看来，天下最大的祸患就是贫穷，在那些"有道"的繁荣盛世，百姓们的生活必然是富足的。因此，他认为，要想改变积贫积弱的社会现实，必须逐步改善百姓们的生活，并提出了"五年而小康，十年而大富"的发展目标。顾炎武认为，社会问题的出现不在于是否谈"财"谈"利"，而在于"财"和"利"真正掌握在谁的手中，是利民还是损民。他说，自万历中期以来，就是因为官员们只图财求利，才导致百姓越来越穷，国力越来越弱。因此，他说"善为国者，藏之于民"，明确提出了"藏富于民"的政治主张。

在明道救世思想的指导下，顾炎武还萌发了对君主专制制度的大胆质疑。他在《日知录》中，创造性地提出了具有早期民主启蒙思想色彩的"众

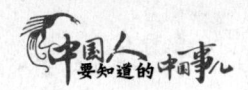

《日知录》是顾炎武的读书笔记

"治"思想，反对封建帝王专制的"独治"，强调"以天下之权寄之天下之人"。这一思想的提出，猛烈抨击了封建君主专制制度。更为突出的是，他在《日知录》中还提出了"天下兴亡，匹夫有责"的口号，这儿的"天下"不是指一家一姓的更替、一个朝代的兴亡，而是指广大人民群众赖以生存的条件，所以他说："保天下者，匹夫之贱，与有责焉耳矣。"

顾炎武学识渊博，除了儒学外，还在经学、史学、音韵、诗词、地理、考古等方面有较深造诣，他所倡导的学术理念和他所开创的学术方法，对清代及以后的学者们产生了巨大而深远的影响，在中国古代思想史上具有承前启后的重要作用。

王夫之的朴素唯物主义思想

王夫之（1619年—1692年），字而农，号姜斋，又号夕堂，因为曾隐居在石船山，因此又自号船山老人、船山病叟，后人尊称其为船山先生，是明末清初时期与黄宗羲、顾炎武齐名的著名思想家、文学家。他坚决反对程朱理学，一生主张经世致用的思想，是中国朴素唯物主义思想的集大成者，前苏联科学院高级研究员弗·格·布洛夫称其为"真正百科全书式的学者"。

万历四十七年（1619年），王夫之出生于湖南衡阳的一个没落的地主知识分子家庭里。他的父亲王朝聘一共有三个儿子，王夫之是他的小儿子。王夫之从小聪慧好学，小小年纪就显示出不同常人的才华，有"神童"之称。他四岁时，就已经同二哥王参之一起，跟随长兄王介之进入私塾读书，他七岁时读完《十三经》，八岁从私塾毕业，十岁时开始跟着父亲学习《五经经义》，十二岁时已经能够挥洒自如地吟诗作对，十四岁就考中秀才。从十五岁开始，王夫之曾三次赴武昌参加乡试，但因他答题的思路和观点与普通八股试题要求不同，三次应考都没有被录取。

王夫之在一心通过科举致仕的同时，也十分关注动荡的时局。他在岳麓书院学习时，曾与好友一起组织成

王夫之像

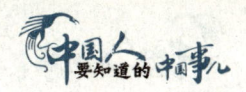

立"行社"、"匡社",立志匡扶社稷、救国救民。二十三岁时,他的文章在岁试中拔得头筹,主考官评价其文章"忠肝义胆,情见乎词"。第二年,王夫之与长兄王介之在武昌乡试中一并中举,同年九月,兄弟二人奉父命北上京城参加会试,可惜半路上碰到农民起义,无奈之下,只好返回衡阳。

崇祯十六年(1643年),张献忠攻占武昌和衡州,自称"大西王",并下令开科殿试,考授官吏。王夫之和哥哥王介之因才名在外,成为被招揽的对象。他们不愿背叛朝廷,就连夜逃走,藏到了南岳莲花峰下。张献忠的手下找不到他们,就抓了他们的父亲王朝聘作人质。为了不拖累儿子,王朝聘一度打算上吊自杀。王夫之得到消息后,连忙用刀在自己的脸上、身上划了几道口子,并把毒药敷在伤口上,做出一副重伤不治的样子,然后他让人把他抬到大西军中,谎称自己的哥哥王介之已死,自己前来换父亲。张献忠的部下一看王夫之到了,就把王朝聘释放了。王朝聘回去前,王夫之嘱咐他立即赶到莲花峰藏匿。当天晚上,王夫之趁看守松懈,也顺利逃往莲花峰。张献忠的部下本想派人去追,后来转念一想,觉得王夫之身受重伤也活不了几天,就作罢了。就这样,王夫之不但救出了父亲,还摆了张献忠的手下一道。

第二年五月,王夫之先是听到李自成攻入北京,崇祯帝自缢身亡,元朝灭亡,后又听到宁远总兵吴三桂引清兵入关,清兵攻占北京,他非常震惊,伤痛之下连续好几天都没有吃饭,作《悲愤诗》一百韵,每吟一句,就痛哭失声。后来,基于对时局的深刻担忧,他决定继续在南岳深山中隐居,并在莲花峰的半山腰建造"续梦庵",作为自己和父母的"避兵常居之所"。

清顺治三年(1646年),清军南下进逼湖南和湖北,王夫之只身赴湘阴,上书湖北巡抚章旷,建议联合农民起义军协力抗清,未被采纳,失望而归。第二年五月,清军攻占衡州,王夫之全家逃散。顺治五年(1648年),他亲自与友人一起组织武装抗清失败后,投奔南明永历政权。在那儿,他连续三次弹劾东阁大学士王化澄,差点被投入大牢,幸得农民军首领高一功仗义相救,方幸免于难。接着,他又投奔了桂林的抗清义军。但没多久,桂林就被清军占领。第二年正月,王夫之再次回到"续梦庵"隐居。从此,他每次出门都会在手里拿把雨伞,脚上套双木屐,以此来表示自己"头不顶清朝天，脚不踏清朝地"的不屈气节。

顺治八年（1651年）后的三年里，为了逃避清朝的剃发规定，王夫之和家人辗转各地不断躲藏，经常寄居在荒山破庙之中。为了逃避追捕，他还曾改名换姓、乔装打扮，说自己是瑶族人。顺治十一年（1654年）末，王夫之移居常宁，开始授徒著书。在居住常宁的三年间，他先后完成了《周易外传》、《老子衍》（初稿）和《黄书》等哲学著作。在《周易外传》中，王夫之精辟地阐述了"器"和"道"的关系，器指的是客观存在的各种具体事物，道则指的是事物的内在规律，王夫之认为"天下唯器而已矣"、"无其器则无其道"，从而否定了程朱理学家"道在器先，器外求道"的客观唯心主义观点。他还指出，任何事物都是相反相成的，量变和质变构成了事物由低级向高级发展的过程。这是《周易外传》中最有价值的内容。顺治十四年（1657年），王夫之再次返回南岳莲花峰，仍居住于"续梦庵"。

顺治十七年（1660年），王夫之举家迁往衡阳，并在茱萸塘（今船山乡）建起一座茅屋，名为"败叶庐"。十年后，王夫之又在"败叶庐"前加盖了一间草房，命名为"观生居"。在此期间，他完成了《尚书引义》、《永历实录》和《读四书大全说》等作品。平西王吴三桂叛清后，他一方面不屑于接受吴三桂的收买，"坚避不出"，一方面又支持吴三桂奉崇祯帝的太子为帝。面对复杂多变的局势，王夫之也觉得有点看不透，于是康熙十四年（1675年），他在石船山下搭建了一个草房子，命名为"湘西草堂"，并从"观生居"迁到了那里，一边著书治学，一边静观局势风云变幻。石船山是个荒僻的穷地方，有"食禽过不栖"的说法，但是王夫之却在那儿安之若素，潜心著述，一住就是十七年，他的大部分著作如《读通鉴论》、《宋论》等都是在那儿完成的。

在《读通鉴论》一书中，王夫之

明代朱漆戗金云龙纹谱系匣

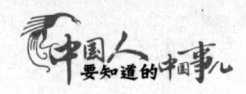

系统地阐述了自己的历史观和政治观。他认为，历史的发展是不断进化的，既是"势"因"理"成，又是"理"随"势"变，强调"事随势迁而法必变"。他认为"生民之生死"重于"一姓之兴亡"，所以如果权臣篡位能使人民免于战乱之苦的话，篡位的行为就不应该受到非议。他不满于君主的"家天下"和独断专行，强调要"不以一人疑天下，不以天下私一人"，要求"严以治吏，宽以养民"。他反对经济封锁，认为允许各地相互通商能使国家和人民富裕起来。在民族关系问题上，他强调要维护本民族利益不受损害，同时也希望汉族能与少数民族各安其所，做到互不侵犯。他的这些思想，在当时来说极具进步意义。

康熙三十一年（1692年）正月初二，王夫之因病去世。去世之前，他自知病重难愈，便提前写好墓石题名，以"明遗臣行人"自称。他一生没有剃发，"完发以终"。在他后半生的四十余年里，著述百余种，涉及政治、历史、哲学、法律、文学、教育、天文、佛道等方方面面，对现代思想均有重大影响，近代湘湘文化的代表人物谭嗣同、毛泽东等都深受其思想的熏陶。

诗坛盟主王士祯与"神韵说"

王士祯（1634年—1711年），是清代初期诗坛上泰山北斗式的领袖人物。他提倡"神韵说"，鼓吹"妙悟"、"兴趣"，强调文字的含蓄和意境的淡远，重视诗歌的韵味和艺术感染力，认为诗的最高境界是"不着一字，尽得风流"。他的"神韵说"在清初诗坛上颇负盛名，他的不少精彩作品，特别是那些脍炙人口的七言绝句，即使在今天，也广受赞誉。

与"清初三大家"（侯方域、魏禧、汪琬）相比，王士祯的一生要幸福平顺得多。他出身于新城（今山东省桓台县）一个世代仕宦、诗礼传家的望族，其高祖、曾祖、祖父都是明朝的高官，后来虽遭明末战乱，但王家世代累积下来的财势和名望仍在，当时王氏一族不仅在山东一地声名显赫，在整个江北都数得着。作为世家大族极受宠爱的幼子，王士祯从小就在祖父和兄长们的关爱和教导下，受到了良好的启蒙教育。他五岁起就进入家里的私塾读书，六七岁时开始读《诗经》，年龄很小就能体会出诗歌中的独特意境，在诗词上表现出不一般的才情和潜质，到十五岁时，他已经写了不少诗歌。顺治七年（1650年），十七岁的王士祯参加童子试，连得县、府、道三个第一。三年后，他又赴京会试，顺利考中进士，才子之名更盛。

考中进士后，王士祯并没有立

顺治皇帝像

· 176 ·

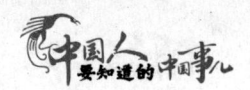

即做官,而是跟随大哥王士禄继续攻读诗文。顺治十四年(1657年)的秋天,王士禛来到济南,**邀请**当时济南文坛的众多名士,共同汇集于有"天下第一湖"美誉的**大明湖**,带头发起了秋柳诗社。在这次集会上,王士禛即席作了《秋柳》诗四首,震惊四座,一举成名。这四首诗中有这样的句子:"秋来何处最销魂?残照西风白下门。他日差池春燕影,只今憔悴晚烟痕。"意境朦胧,含蓄雍容,初步体现了其"神韵说"的意蕴。据说《秋柳》诗传开后,王士禛之名开始天下皆知,大江南北和诗的文人学子众多,连闺阁中的女子都有应和之作。

顺治十五年(1658年),王士禛赴京参加殿试,考中二甲进士,随即被任命为扬州府推官,相当于现在地方的中级人民法院院长和审计局长。扬州是江南的花花世界,交通位置显要,社会情况复杂,王士禛到任后,一方面坚持原则、秉公执法,一方面很有分寸地处理多方关系,受到同僚和百姓们的一致好评。在扬州的五年里,他饱览江南美景,大大开阔了眼界。特别是太湖旁边的渔洋山,更得他的钟爱。王士禛浏览过渔洋山的美景后,还给自己起了个"渔洋山人"的雅号。他在江南结识了很多志同道合的朋友,既有吴伟业、钱谦益等前辈诗人,又有隐于民间的布衣才子,他们常常集会,谈诗论文,王士禛的文学才能得到进一步发展。

在此期间,他的诗歌创作进入旺盛期,无论是数量上,还是质量上,都相当可观,为他确立诗坛地位奠定了基础。例如,康熙二年(1663年),他在扬州作成《冶春绝句》二十首,诗中有画,情中有景,不仅推动了"冶春词"的盛行,还体现出他在诗歌创作方面的探索与成长。他在《冶春绝句》(三)中这样描述红桥美景:"红桥飞跨水当中,一字栏杆九曲红。日午画船桥下过,衣香人影太匆匆。"这首诗一出,红桥迅速成为扬州一景,无数人慕名而来。他在《冶春绝句》(十五)中写道:"杜陵老叟穷可怜,犹能斗酒诗百篇。今朝何处垆(lú)头卧,知有人家送酒钱。"这些诗色彩明亮,格调清新,刻画工整,感染力强,成为"神韵诗"的典范。

扬州任满后,王士禛因政绩突出,被保举入京供职。当时的京城,才子墨客云集,王士禛在那儿结识了很多名士,包括当时人称"南施北宋"的施闰章、宋琬等。他所创作的诗歌作品很受欢迎,在京城的知名度不

清初邹喆所绘的《江南山水图》

断扩大,他所提倡的"神韵说"也在更大范围内流传开来。康熙十七年（1678年），康熙帝听闻王士祯的才名后特别召见了他,因为他对诗的看法很合皇帝的心意,于是他被提拔为皇帝的侍读,入南书房当值,成为清代汉臣中第一个由部曹（对六部各部司官的称呼）转任词臣的人。这对一个诗人来说,是一份殊荣。王士祯依照康熙帝的命令,精心选录了自己的三百篇诗作集成《御览集》,供皇帝赏阅。

从此之后,王士祯在仕途上步步青云,先后出任兵部侍郎、户部侍郎、都察院左都御史、刑部尚书等职,实现了封建家族子弟封妻荫子、光宗耀祖的最高理想。与此同时,他在诗坛上也开始拥有全国性影响,成为清初诗坛公认的领袖人物。当时,很多文坛的新人后辈都会到京城求其指点,都以

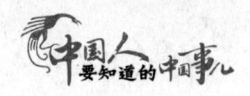

能得到他只言片语的褒奖为荣，只要能得到他的一点好评，就能很快在京城文坛上声名鹊起。当时科举失败、生活落魄的蒲松龄也曾去拜访他，请王士祯审阅他的志怪小说《聊斋志异》，虽然现在人人都知道《聊斋志异》是出色的古典名著，但在当时，知道这本小说的人却不多。王士祯看过《聊斋志异》后，大为赞赏，不但帮着蒲松龄刊印出版，还特别赠了他一首诗："姑妄言之妄听之，豆棚瓜架雨如丝。料应厌作人间语，爱听秋坟鬼唱诗。"随着王士祯地位和声誉的提高，他的"神韵论"也得到了进一步传播。

在长期的仕途生涯中，王士祯曾多次到外地公干，到过河北、河南、陕西、广东、四川等地，行踪遍及大半个中国。每到一地，他都会在办公的余暇，饱览当地的奇山异水。眼界的开阔带来思想的升华，特别是在巴山蜀水的触动下，王士祯的作诗风格开始出现新的变化，出现了许多豪迈雄壮之作。如他在《登白帝城》中这样写道："赤甲白盐相向生，丹青绝壁斗峥嵘。千江一线虎须口，万里孤帆鱼腹城。跃马雄图馀（yú）垒迹，卧龙遗庙枕潮声。飞楼直上闻哀角，落日涛头气不平。"这首咏史诗悲壮大气，豪情万丈，标志着王士祯艺术视野的进一步拓展。

天有不测风云，人有旦夕祸福。康熙四十三年（1704年），春风得意数十年，已经七十一岁的王士祯刚刚出任刑部尚书不久，就因王五案的牵连被革职。一生清廉的王士祯坦然面对人生转折，轻车返乡，闭门著书，整理自己的作品。就在这个时候，与他既有师生之谊又有甥舅之亲的赵执信在诗坛上向他的"神韵说"发起攻击，指责他"诗中无人"，说他不懂诗。面对这些指责，王士祯只是大度地一笑置之，没有理会。总之，王士祯诗歌的艺术特色都体现在他的"神韵诗"中，他的政治地位和艺术实践，使他的"神韵说"在诗坛上独领风骚数十年，他的诗坛盟主地位也一直无人能够撼动。

江南大儒陆世仪的实学思想

明末清初,是一个大动荡、大分化的时代,错综复杂的社会矛盾促成了朱学的复兴与发展,而江南大儒陆世仪和他的实学思想就是朱学复兴思潮中的一颗明珠。

陆世仪(1611年—1672年),字道威,号刚斋,晚年号桴(fú)亭,曾署名为"眉史氏",是明末清初著名的理学家、文学家,被誉为江南大儒,与陈瑚、江士韶、盛敬合称为"太仓四君子"。明万历三十九年(1611年)的一个秋日,陆世仪降生于江苏太仓一个五世皆为"诸生"(指明清时期经考试录取而进入府、州、县各级学校学习的生员)的读书人家。因为出生的第十二天母亲就去世了,陆世仪的婴幼儿时期都是在寄养中度过的。直到九岁时,父亲再娶,才有了一位心地善良的继母来照顾他。可能是由于先天不足,也可能是因为寄养的时候没有得到足够的照顾,陆世仪从小就体弱多病,后来开始习武,锻炼得多了,身体才强健起来。

陆世仪聪明好学,年纪很小时就颇具才名。十二岁时,父亲拿了一幅《百鸟朝凤图》,让他看两眼,就应声作出图作诗。陆世仪看了"独向高冈择木栖,更无鹓鹭与相齐。一声叫彻虞廷日,四海鸱鸮(chī xiāo)不敢啼"的七言绝句,表现出的不凡才气和远大志向,让父亲大为惊喜。为了不埋没孩子的天赋,陆父

陆世仪像

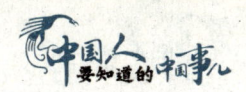

开始将他带在身边，亲自教育。陆世仪的实学思想实际上都是在家学渊源的基础上自学而成的。他的挚友盛敬就曾经说过："桴亭性通明，气识高远。其于圣人之道，盖童年已笃好之，出乎天性，非有先生、长者耳提而面命之也。"

二十三岁时，陆世仪预感到天下不久将乱，时代需要有真才实学的栋梁之才，就和好友陈瑚一起，拜了有"江南第一"之称的石敬严将军为师，一面学习梨花枪法，一面研习兵法。经过三年的学习，他对兵法的研究日益深入。他最赞赏的两个将军是岳飞和戚继光，在他看来，岳飞是善于用少、用精之将，而戚继光是用多、用众之将，都是不可多见的将才。他还写了《八阵发明》一书，对诸家的阵法图加上自己的解释，体现了他在兵法上的独特见解。娄江水患后，他开始研究农田水利和沟渠建设，还撰写了《淘河议》、《建闸议》等有关治水的作品。

崇祯九年（1636年）年底，陆世仪和陈瑚聚在江士韶家秉烛夜谈，三人谈及"读书为善之法"，都感慨良多，经过一番交流探讨，决定自第二年开始，转而进行济世之学的探索。后来，盛敬也闻讯加入，这标志着以"太仓四君子"为核心的"桴亭学派"的正式形成。陆世仪为了阐述自己的思想，还专门写了一本《格致编》，提出了"以天理人欲分善过，而主之以敬"的治学纲领，成为四君子治

戚继光纪念塔

学修身的指南。从此，陆世仪开始研究和探索实用理学，明确提出"居敬穷理"、"格物知之"、"尽人伦合天理"、"求实用合圣意"的治学路径。

明朝灭亡后，陆世仪放弃了科举求仕的打算，归隐乡里。他在海门第一桥的南侧开凿了十亩莲池，在池中建了一座桴亭书院，专心在此读书、著述、讲学。清初，陆世仪应督学张能麟的聘请，去江阴讲学，并编辑了《儒家理要》一书。后来又被邀请到无锡东林书院、常州大儒寺等地讲学。如此一来，陆世仪桃李满天下，"江南大儒"的名望更盛。在此期间，陆世仪还写出了《思辨录》、《论学酬答》、《复社纪略》、《春秋考》、《性善图说》、《诗鉴》等著作一百余卷。

陆世仪一生为学不立门户，学识非常渊博，无论是天文地理、河渠农桑，还是兵法刑事，无所不通。他虽继承了程朱的某些思想，但并不是墨守成规地照搬照抄，而是在继承的同时有所发挥和创新，他的实学思想是对晚明理学空疏学风的批判。陆世仪的主要思想集中体现在他的著作《思辨录》中，顾炎武读过《思辨录》后，对陆世仪大为折服，在给陆世仪的一封信中说："昨岁于蓟门得读《思辨录》，乃知当吾世而有真儒如先生者，孟子所谓'穷则独善其身，达则兼善天下'，具内圣外王之事者也。"

陆世仪实用思想的一个主要方面，就是他认为读书要讲求实用，这主要表现在他对"六艺"之学的倡导上。所谓"六艺"，指的是中国古代儒学要求学生掌握的六种基本才能，主要包括礼、乐、射、御、书、数等六种技艺。陆世仪认为，古时候的"六艺"，当时的学者们都应该学习，而历史发展到今天，原来的"六艺"之法并没有传下来，当代人如果想用心学习"六艺"，就不必拘泥于古代的规条，而应该在参考古代遗法的基础上，与现今的实际需要相适应，酌情而行。他又进一步指出，当代人需要学习的，不止礼、乐、射、御、书、数等"六艺"，像天文、地理、河渠、兵法之类的实用之学，都是安国兴邦不可缺少的有用知识，也不能不学。"六艺"之中，陆世仪尤重"礼"、"乐"，因为在他看来，"礼"既是为人处世的行为规范，也是治国平天下的一大关键，因此他说："六艺之中，礼乐为急。"

在强调读书的实用性的同时，陆世仪还特别重视人的实践活动，极力

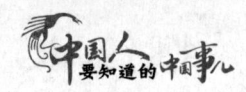

反对空泛的清谈。他说，那些从书本上学来的知识感悟会比较浅，而通过自己的身体力行得到的知识感悟会比较深，这也就是所谓的"躬行心得"，因此他说："不知不足以为行，不行不得谓之知。"正是基于此，他极力反对那种只满足于动动嘴皮子的清谈学风，把自己的治学重点放在了亟需解决的一些关系国计民生的大问题上，并对明末清初的某些严重弊端提出了改进意见。

在人才培养问题上，他说："古之人才非多于今，今之人才非少于古，然而古多君子，今多小人者，古知养士，今人不知养士也。"在他看来，学校是"养士"的主要场所，除了要完成让学生读书识字的初级教育任务外，更高的任务是培养"体用具备、文武兼资"的优秀人才，以救亡图强，振兴国家。另外，陆世仪还对奉行唯心主义的"陆王心学"提出批评，反对"陆王心学"的宗旨——"良知说"，认为"致良知"（使人心中本来具有的良知不为私欲所遮蔽）虽然直截了当，但终究比较片面虚幻，不如"穷理"（探究事物的道理）来得稳当，认为许多自然科学知识都需要通过读书学习来获得，不可能纯靠良知来自悟。

陆世仪的实用理学影响了明清之际的几代人，同时，由于他注意到了自然科学的价值，对西学也有一定的客观认识，具有近代启蒙意义，因此他被看做是一位在中国思想发展史上有重大影响力的思想家。

唐甄的惊世"怪论"

唐甄(1630年—1704年),初名大陶,字铸万,号圃亭,是明末清初的著名思想家和政论家,与顾炎武、黄宗羲、王夫之并称为"四大著名启蒙思想家"。唐甄继承和发扬了明清之际启蒙思想家的经世传统和批判精神,对封建专制制度进行了深刻批判,并提出了具有初步民主意识的政治主张,"自秦以来,凡帝王者皆贼也"就是他的惊世之论。

明朝末年的四川盆地中的达州,一个叫唐甄的男孩呱呱坠地,谁也没有想到,这个生于普通官僚地主家庭的小小孩童会在未来的思想界创造怎样的辉煌。当时的唐家是一个书香门第,唐甄的远祖唐瑜曾经做过明朝皇帝朱棣的老师,是史上留名的饱学之士;他的祖父也是明朝的官员,且为官清廉,从政时期多有利民惠政,非常重视文化教育;而他的父亲曾当过吴江县令,也是一位不与黑暗势力同流合污的刚毅明达之士。正是在这样的家庭环境的熏陶下,唐甄形成了坚韧不拔的性格。

年近而立时,唐甄考中了举人,第二年到京城参加会试,却落榜了。接着,他通过了吏部考试,被分配到山西的长子县做了一名小小县令。当时的长子县是个非常贫穷的地方,唐甄一上任,就像他的先祖们一样,努力造福百姓。当地土地贫瘠,他就想

唐甄像

·184·

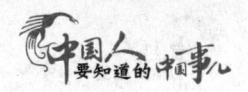

了个办法,带领百姓发展农副业,亲自指导乡民养蚕。他还颁布新规,废除重刑,严惩贪官污吏,为百姓做了很多好事。然而,好景不长,刚上任十个月,他就因与上司意见不合而被革职。他离任后,长子县百姓对他念念不忘,称他为"吏之贤者也"。

唐家几代都为官清廉,没有多少余财。罢官后,唐甄本想从商,但因经验不足,没有成功。这次经商失败后,唐甄搬家去了江南,开始靠讲学卖文维持生活。他的生活一度十分困窘,家里稍微好点的衣服都被典当干净了,身上只能穿破烂的旧衣,财政紧张时甚至三餐不继,连饭都吃不上。但就是在这样的困境中,他却"陶陶然振笔著书不辍",用了三十多年的时间,完成了举世闻名的著作《潜书》。

《潜书》是唐甄留传下来的唯一著作,也是他一生中最为重要的一部作品。《潜书》一开始的时候并不叫这个名字,原名为《衡书》,表示"志在权衡天下"之意,但后来因唐甄连连遭受挫折,只得将该书潜存起来,遂将其更名为《潜书》。《潜书》在体例上模仿了汉代王充的《论衡》,它既不是对儒家经典的分析解释,也不是对唐诗宋词的字句剖析,而是摒弃程朱理学,以经世治国为己任,上观天道,下察人事,针对时弊,提出了一系列抨击封建君主专制制度的政治观点和理论学说。唐甄的社会政治思想,都集中体现在《潜书》中,此书的问世对当时儒学思想的发展产生了深远影响。

唐甄的惊世之论,首先表现在他对封建专制制度的猛烈抨击上。他认为,自秦朝开始出现的那些至高无上的封建帝王,都是掠夺天下人财富的最大盗贼,是惨杀天下人性命的最大刽子手,两千多年的君主专制史,就是一部"杀人如麻"、"血流漂杵"的血泪史。他说,那些杀了一个人,夺了一个人的布匹或粟米的人,大家都称之为贼,那么,对那些杀了天下人,夺了天下人的布粟的人,怎么能反而不称其为贼呢?因此,他得出自己的结论:"自秦以来,凡为帝王者皆贼也。"将窃国屠民的残暴君主看做国家动乱、生灵涂炭的最大根源。这在讲究等级森严的伦理纲常的封建社会,简直是大逆不道之说。

在此基础上,唐甄提出了限制君主权利的"抑尊"思想。他说,君主至高无上的权势和地位,必然会遮蔽君主的眼睛,使有才能的贤者不得近前,

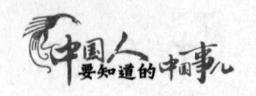

只有限制君主的权利,才能避免政治腐败,解决社会流弊。那么,怎样才能限制君主权利呢?他说,首先要提升公卿和百姓的政治权力,要允许官员、学者、百姓议论政治,并在中央政府设置"六卿"的官职,使他们敢于"攻君之过","攻宫闱之过","攻帝族、攻后族、攻宠贵之过"。其次,唐甄指出,那些做皇帝的人,要自觉抑制自己的至高权势,要平等地对待官员和百姓,虚心地接受臣民们的议政言论,在生活中要"处身如农夫,殿陛如田舍,衣食如贫士",与百姓同甘苦。他认为,只有这样才能实现国家的长治久安,如果一味妄自尊大,残暴不仁,那么历史的发展必将剥夺君主的权力和地位,甚至是其身家性命。

唐甄还批判了封建伦理纲常,提出了人人平等的初步民主思想。他说,人生来本来是平等的,"天地之道故平,平则万物各得其所"。他认为,圣人设立尊卑之分的目的,是为了让人们向那些德行尊贵者学习,起到"顺而率之"的作用,而现在专制社会里的"君为臣纲、父为子纲"的伦理纲常,却造成了极不平等的社会关系,也正是这些不平等、不公正,最终导致天下动乱。因此,他主张,要在政治地位、经济生活和伦理关系上打破封建伦理纲常的桎梏(zhì gù,比喻像脚镣手铐一样束缚人或事物的东西),实现君民、夫妻、男女之间的社会关系上的人人平等。

唐甄的社会启蒙思想还表现在他的"富民"政策上。他说,为政之道首在富民,立国之道不在国库是否充盈,而在百姓生活是否富裕,只有百姓们丰衣足食,国家才能兴旺发达,而如果百姓生活穷困潦倒,必然会带来社会动乱,最终导致国家的灭亡。在他看来,君主的害民之政、贪官污吏的横征暴敛、花样繁多的沉重赋税以及稀少的可流通货币,是造成人民生活困苦的主要原因。对此,他指出,为政要以"富民"为首要任务,要罢免那些害民之官,重用养民的贤臣;其次,要因地制宜,发展生产,他说"山林多材,池沼多鱼,园多果蔬,栏多羊豕",只有农林牧渔全面发展,才能实现百姓生活富裕的目标,同时,他否定了"农本商末"的传统观念,认为养民富民之道除了大力发展农业外,还要全面发展商业和手工业;最后,要改革货币政策,用铜钱取代白银,以消除金银易聚的弊端,促进货币流通和商业繁荣。

在对传统儒学的反思中，唐甄提出了"尽性"与"事功"相统一的心性学说。他继承了孟子的"尽心知性"思想和王守仁的"良知说"，尖锐批判了程朱理学只谈心性、不重事功的做法，反对"儒者不计其功"的说法。他认为儒家圣人之道的根本宗旨是经世致用、救世治民，这也是儒学思想的本质特征。他说，儒学最可贵的地方，就在于它能"定乱、除暴、安百姓"，如果儒者不言功，只顾自己，那就与匹夫匹妇毫无区别。因此，在他看来，只重养生的道家和主张出世的佛家，都应该受到批判，只求"但明己性，无救于世"的程朱之学，也应该被摒弃。

唐甄的启蒙思想大大超越了当时普通人的观点，反映了当时社会的发展趋势，极具进步意义，他也被公认为中国历史上"一百位杰出思想家"之一。

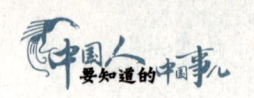

戴震弘扬新学说

明清时期,对封建伦理纲常提出批判的文人学者不在少数,而在儒学内部最早批判"以理杀人"的学者是清朝著名语言文学家、自然科学家、哲学家、思想家戴震。戴震反对程朱理学,对"去人欲,存天理"的学说进行了有力抨击,对晚清以来的学术思潮产生了深远影响,梁启超称其为"前清学者第一人"。

戴震(1724年—1777年),字东原,今安徽黄山屯溪人,出身于普通商人家庭。他的祖先曾富贵一时,做过唐朝的大官,但传承到他们那一代时,已经完全没落,成为普普通通的老百姓。他的父亲当时是一个贩布的行商,生意做得不大,只能勉强满足一家人的生活所需。据说,戴震出生那天,正好下着大雨,漫天都是震耳欲聋的雷声,于是其父就给他取名为震。也许正应了大器晚成那句话,戴震十岁的时候才会说话,但他聪敏过人,过目不忘,跟着老师读书时,看过一遍的东西马上就能背下来,每天能背好几千字。

因父亲是个到处售卖货物的行商,戴震自幼就跟随父亲走南闯北,很早就接触社会,这些经历使他从小就善于独立思考,敢于怀疑和批判。他读书的时候,有一天,老师讲到《大学章句》中"右经"那一章,戴震读过之后非常疑惑,就问老师说:"我们怎么知道这些话是'孔子说的话而由曾子记述下来'?又怎么知道这种看法是'曾子的意思而由其学生记录下来'?"老师回答他说:"这是朱熹告诉我们的。"戴震追问说:"朱熹是什么时候的人?"老师答:"宋朝人。"戴震又问:"那孔子、曾子是什么时候的人?"老师答:"周朝人。"戴震追问道:"那宋朝和周朝隔着多少年?"老师回答说:"两千多年。"戴震很疑惑地问:"宋朝离周朝有两千年之

清代弘旿所绘的《京畿水利图》（局部）

远，朱熹又是怎么知道这些事的呢？"问得老师无言以对。这就是历史上有名的"戴震难师"的故事。

戴震读书时，每新学一字，就必定要把那个字的意思搞明白，一有疑惑就会去请教老师，结果老师被问烦了，就给了他一本《说文解字》。戴震有了这本书非常高兴，仅用三年时间，就把《说文解字》里的内容全部学会了，当时戴震只有十七岁。十八岁时，他随父亲辗转于江西、福建、江苏等地，并在两年后偶遇六十多岁的音韵学家江永，江永不仅精通音韵，还通晓天文、地理、算学等。有了名师的教导，戴震的学问突飞猛进。二十岁到三十三岁之间，他相继写成《筹算》、《考工记图注》、《勾股割圆记》、《周髀（bì）北极璇玑四游解》等自然科学著作和《六书论》、《尔雅文字考》、《屈原赋注》、《诗补传》等文学作品。

三十三岁时，戴震为了躲避仇家来到京城，并在那儿结识了翰林院名士纪昀、钱大昕（xīn）、王鸣盛等人，他们读了戴震的书，无不拍手称赞，为之折服。同时，他的作品《勾股割圆记》和《考工记图注》也得到资助，刻印出版，戴震之名开始在京中流传开来。第二年，吏部尚书王安国请他去给自己的儿子王念孙当老师，王念孙和其后的段玉裁是戴震所有学生中最有成就的两位。一年后，王安国去世，戴震南下扬州，结识了吴派考据大师惠栋。丰富的生活经历使他的思想学说日益成熟。

戴震一生积极参加科举考试，但糟糕的是，他所擅长的只在天算、语言、地理和名物等学科，对诗词并不擅长，所以自二十九岁成为秀才后，一直到四十岁他才考中举人，之后，他六次入京参加会试都没有考中。在此期间，他先是应地方官员的邀请，纂修官书地志，后又在浙江金华书院主持讲学。直到乾隆三十八年（1773年），受纪昀等人的推荐，戴震被朝廷特召入京，负责《四库全书》的纂校工作。乾隆四十年（1775年），他第六次参加会试再次落第，乾隆帝欣赏他的学识，特别开恩，赐其同进士出身，入翰林院，仍从事《四库全书》的编纂工作。乾隆四十二年（1777年），《四库全书》纂校完毕，戴震本打算回江宁专心著书，不想还没成行，就突发急病，不治而亡。

在学术研究方面，戴震首先是以乾嘉考据大师的身份著称于世。与其他钻研旧纸堆的考据学者不同，戴震的考据学更偏重于继承和发扬顾炎武以来的学术传统，他既反对程朱理学的空谈无物，又反对乾嘉学派的矫枉过正，提出"由故训以明义理"、"执义理而后能考核"的学术思想。在他看来，义理、考据、辞章都是获得学问的有效途径，其中义理是最重要的，考据、辞章只不过是通向义理的手段，主张寓义理于考据，这是戴震考据学的独特之处。戴震在考据方面取得了很多超越前人的成就：他所校改的《水经注》，解决了长期以来经文、注文混淆的问题；他所校订的《永乐大典》中的几部算经，进一步阐明了中国古代的数学成就；他所撰写的《声类表》、《声韵考》等，创立了古音九类二十五部之说，对清代训诂学的发展影响深远。近代学者一致公认，戴震是"三百年来号称极盛的考据学"的中坚力量。

纪晓岚像

戴震的另一重大成就，是他对哲学的贡献。胡适在他所著的《戴东原的哲学》一书中，认为清朝学术全盛时代的哲学是由戴震建立起来的，他的理论是对宋明理学的根本性革命。在哲学上，戴震坚持"气化即道"的宇宙观，认为物质的气是宇宙的本原，气化流行，阴阳五行永不停息的运动构成了"道"的真实内容。他认为，"理化气中"，"理"是事物的规律，不能脱离具体事物而存在，"天理"就是天然的、自然存在的道理，从而打破了"理"、"天理"的神圣性和神秘性。在他看来，"理"与"欲"是统一的，有欲、有情、有知是天赋的人性，并不是邪恶的，适当地满足欲望，是正当的人性要求，是符合"天理"的。他的这种"理欲一元论"，是对程朱理学的"理欲二元论"的重大冲击。他反对道学家的伪善，反对"以理杀人"，他的理论包含着启蒙思想的因素，极具先进意义。

戴震的一生充满坎坷与传奇，他英年早逝后，好友纪昀曾作诗怀念他，"披肝露胆两不疑，情话分明忆旧时"。翰林名士王昶（chǎng）为他作了墓志铭，另一名士钱大昕为其立传，详细记录了他的一生经历及学术成就。

桐城方苞倡"义法"

桐城派又称"桐城古文派",因其早期代表人物均是清代安徽桐城人而得名,是我国清代文坛上最大的散文流派。桐城派的文论体系博大精深,著述作品丰厚清正,影响了清代文坛两百多年,在中国古代文学史上具有十分显赫的地位。在众多的桐城派文人中,方苞被视为桐城派的创始人,方苞和他所倡导的义法论,对桐城派的形成和发展起了决定性的作用。

方苞(1668年—1749年),字凤九,一字灵皋(gāo),晚年号望溪,安徽桐城人,是清代著名的散文家,被袁枚赞为"一代文宗",与姚鼐(nài)、刘大櫆(kuí)合称"桐城三祖"。方苞生于江苏六合县留稼村,曾祖、祖父都曾为官,但到其父亲方仲舒时,家境已经完全没落。后来方仲舒入赘留稼村吴勉家,与妻子生了三个儿子,方苞就是他的第二个儿子。方苞自幼聪明好学,四五岁就能作对联、背经文、诵章句。据说有一次,年幼的方苞在野外玩耍,旁边一位忙着拔秧、捆秧的老农一边干活,一边随口说了一句:"稻草扎秧父抱子。"问方苞能不能对出下联,方苞想了一会,看见不远处有几个妇女在背着竹篮挖竹笋,就灵机一动,高声对道:"竹篮装笋母搂儿。"农夫一听,大为惊讶,直夸小方苞是个神童。

六岁时,方苞随父母搬回了江宁旧居。方仲舒虽然没同祖上一样出仕做官,但也是国子监毕业、身负才名的一位诗人。当时有许多名士居住在江宁,如桐城人钱澄之、方文,黄冈人杜睿等,他们与方仲舒是朋友,大家经常汇聚一堂,以文会友。耳濡目染之下,方苞从小就熟读《诗经》、《尚书》、《礼记》、《周易》等经典之作,年纪轻轻就写得一手好文章。二十二岁时,他在岁试中夺得头名,入桐城县学读书。第二年,他参加乡试落榜，便到京师太学去继续求学，潜心学习程朱之学。就是在这一时期，他的文章得到大学士李光地等人的赏识，李光地曾高度评价他的文章说："韩欧复出，北宋后无此作也。"意思是，方苞的文章写得好，仿佛韩愈和欧阳修再世一样，北宋之后就再也没有这样的作品了。康熙三十八年（1699年），三十二岁的方苞在江南乡试中夺冠，七年后，方苞进京应试，考中进士第四名。因当时其母病重，方苞急于赶回家乡，就没有参加殿试。

康熙五十年（1711年），发生了一件大事，使方苞的人生道路发生了大逆转。这年的十一月，清朝历史上著名的文字狱《南山集》案爆发，受牵连者有三百余人。撰写《南山集》的桐城人戴名世是方苞的好友，方苞因为《南山集》写序，而被捉拿下狱，判为死刑，这对方苞来说，真是祸从天降。在刑部的大牢里，每一间牢房都关着五十多个犯人，几乎每天都会有犯人的尸体被拖出去。就是在这样的恶劣环境下，方苞也没有放弃读书。他向狱卒求来笔墨纸砚，请朋友给他带书进来，自己天天窝在牢房的角落里，借着豆粒大小的光，争分夺秒地读书作文，完全视周围的恶臭和混乱如无物。同处一间牢房的犯人看了直摇头，非常不理解地说："命马上就要没了，还写什么文章啊？简直就是腐儒一个！"方苞郑重地说："朝闻道，夕死可也！"正是凭着这种不屈不挠的忘我精神，方苞在狱中读完了《礼记集说》这本书，并写成了《礼记析疑》、《丧礼或问》等书。

他在狱中的所作所为传到大学士李光地的耳朵里，李光地大为震撼，连连感叹："这样的人才杀不得，无论如何也要保！"于是，李光地连上五本奏折，力陈方苞之才，请求康熙帝免除方苞的死罪。康熙五十二年（1713年），康熙亲笔批示"方苞学问天下莫不闻"，开恩赦免了方苞，并在第二天将他召入南书房。为了亲自验证一下方苞的才学，康熙命方苞以《湖南洞苗归化碑文》为题限时作文，要求在三个时

康熙皇帝像

辰内完成，而方苞只用了两个时辰就一气呵成，未改一字就直接上交。康熙读后大为惊叹，感慨地说："方苞之才果然名不虚传！"

被赦免后，方苞开始了将近三十年的官宦生涯。他先后担任过武英殿修书总裁、詹事府左春坊左中允、翰林院侍讲学士、内阁学士兼礼部侍郎、《皇清文颖》副总裁等职，直到七十五岁才因病告老还乡。他在宦海沉浮三十年，始终坚持尽己所能，为国为民，是个在德行方面堪称典范的一代文臣。康熙年间，他目睹了康熙帝平定三藩、收复台湾、平定噶尔丹叛乱等一系列丰功伟绩，就撰写了《圣主亲征漠北颂》来记载和歌颂康熙帝的文治武功。他历经三朝，在雍正和乾隆时期，他先后撰写了《请禁烧酒事宜答子》、《塞外屯田议》、《台湾建城议》、《贵州苗疆议》等一系列关系国计民生的奏议，表达了自己对富国强兵、开发边疆、维护国家稳定的一些设想和看法。

清朝的弓箭手

方苞尊奉程朱理学和唐宋散文，在治学方面首创"义法说"，主张"道"与"文"的统一。所谓"义"是指"言之有物"，指的是文章的思想内容；"法"是指"言之有序"，指的是文章的形式和技巧。他认为，写文章要"以义为经，而法纬之，然后为成体之文"。也就是说，写文章要以思想内容为核心，文章的形式要服从和服务于内容。因此他说："凡无益于世教、人心、政法者，文虽工弗列也"。在评价前人作品时，方苞说："记事之文，惟《左传》、《史记》各有义法。"他认为在记事文中，只有《左传》和《史记》的每篇文章前后相应，变化随宜而不可增损，真正达到了"义法论"关于"义"和"法"的要求。

同时，"义法论"还对文章选材和用词的详略作了要求。他说："夫文未有繁而能工者，如煎金锡，粗矿去，然后黑浊之气竭而光润生。"在他看来，好的文章不仅要实现内容和形式的完美统一，还要做到"清真雅正"。既要在遣词用句方面达到清雅简练，不能拖沓冗长，又要根据"义"来决定"法"，对文章的内容有所取舍，好的文章应该"一字不可增减"。他高度评价了《史记·本纪》，认为作者在撰文时，"先详后略，各有义法，所以能尽而不芜也。"

方苞自己创作的散文也都体现了"义法"和"清真雅正"的宗旨。他的《狱中杂记》，记录了他入狱两年内的所见所闻，反映了封建吏治和监狱管理的残酷与黑暗；他的《送冯文子序》、《送吴平一舅氏之钜鹿序》、《请定征收地丁银两之期札子》等，反映了一些州县的黑暗吏治及民生疾苦，比较有现实意义。他所写的《汉文帝论》、《李穆堂文集序》、《左忠毅公逸事》、《孙征君传》、《游潭柘记》等，都写得清雅干练，简洁明快，开创了清代典雅、古朴、简洁的新文风。

方苞的"义法论"涉及文章的立意、构思和布局谋篇等关键问题，为桐城派的散文理论奠定了基础，影响颇大，至今仍为学术界所重视，方苞也因此被称为桐城派的鼻祖。

袁枚力倡"性灵说"

有这样一则广为流传的故事,叫《沙弥思老虎》,说的是一个小沙弥三岁起就上山入寺修行,一直住在山上,从未下山,也从来没有见过女人。长大后,他随师父下山,看到一位少女,就问禅师:"那是什么?"禅师怕他留恋女色,就对他说:"那是吃人的老虎,千万不要接近!"后来回到山上,小沙弥天天魂不守舍,师父就问他怎么回事,他说:"一切事物我都不想,就老想着那吃人的老虎,心上总是觉得舍不得!"这则讽刺和抨击禁欲主义的故事,就出自袁枚的鬼神小说《子不语》。

袁枚(1716年—1797年),字子才,号简斋,晚年自号仓山居士、随园老人,是清朝乾嘉时期的著名诗人、散文家。他生性洒脱不羁,宣扬性情至上,肯定情欲合理,认为一个好的诗人既要有诗才,更要有性情和个性,在文坛力倡"性灵说",是清代性灵诗派的倡导者。

袁枚生于风景如画、繁华富饶的钱塘(今杭州市),他家境一般,父亲、叔叔都以当幕僚为生,但他自小聪明伶俐,勤奋好学,十二岁就入了县学,年纪轻轻就才名远扬。乾隆三年(1738年),二十三岁的袁枚参加了顺天府的乡试,考中举人。第二年,他参加朝廷的科考,当时的试题是《赋得因风想玉珂》,袁枚的答卷一气呵成,文采斐然,更有"声疑来禁院,人似隔天河"的妙句让人惊艳。他的试卷本来是一众考生中极为出色的,但是考官们却认为他的答卷过于有个性,"语涉不庄",要将他置之一旁。幸好当时的刑部尚书尹继善对他非常欣赏,大力保荐,才使袁枚顺利考中进士,被授予翰林院庶吉士(明清时翰林院内的短期职位,一般由科举进士中的有潜质者担任)的职位。

三年后，期满，被派到江南做地方官，曾任沭阳、江宁、上元等地的知县。他在任期间，推行法制，不避强权，做了很多利国利民之事，很有贤名。乾隆八年（1743年）至乾隆十年（1745年），袁枚被任命为沭阳县令。当时本是"乾隆盛世"，但沭阳县却在多年水患和贪官污吏的肆虐下，"路有饿殍（piǎo，饿死的人）、哀鸿四野"。看到这种情况，袁枚愤而作诗："百死犹可忍，饿死苦不速。野狗衔髑髅（lóu dú，死人的头骨），骨瘦亦无肉。自恨作父母，不愿生耳目。"他到任不久就开仓赈灾，减免赋税，采取多种手段恢复和发展生产，被百姓们称为"大好官"。他离开沭阳时，百姓们纷纷夹道送行，洒泪话别。

由于生性自由洒脱，为人正直，袁枚对官场上相互倾轧的那一套十分厌恶。三十三岁时，袁枚之父去世，他以回家奉养老母亲为由辞官。后来，朝廷想重新起用他，任命他到陕西做官，也被他推辞。袁枚是个十分注重生活情趣的人，他辞官后定居在江宁，花三百金购买了一处废园子，改名随园，并在那儿过了近五十年悠然自得的闲适生活。随园原是织造园，就是曹雪芹笔下的大观园，当时园子已经是一片荒芜，袁枚将随园加以整治，造屋修池，种荷养鱼，就势取景，使随园成为当地的一大名胜。因随园四面无墙，经常会有大批游人不请自来，入园赏景，袁枚不但不恼，还在门联上写道："放鹤去寻山鸟客，任人来看四时花。"好友钱宝意作诗称赞他说："过江不愧真名士，退院其如未老僧。领取十年卿相后，幅巾野服始相应。"

六十五岁之后，袁枚开始遍游南方诸名山，到过浙江天台山、雁荡山，安徽黄山，江西庐山等名山大川。他一面游山玩水，一面探访诗友，生活过得有滋有味。因为爱好品茶，他每到一地，都会尝遍当地名茶，并将它们的特点一一记录，还写下了许多有关茶的诗。如他在《试茶》一诗中写道：

乾隆时期的笔筒

"闽人种茶如种田,郄(xì)车而载盈万千。我来竟入茶世界,意颇狎视心悠然……"或许正是因为这种无羁无绊、悠游自在的生活,才使袁枚一直活到了八十二岁。

袁枚为文自成一家,他倡导"性灵说","性灵"也就是性情,他说"诗者,人之性情也,性情之外无诗",认为"自三百篇至今日,凡诗之传者,都是性灵,不关堆垛"。他主张在进行诗文创作时,要以性情、天分和学历作为创作基础,既要有从事文学创作的天分,还要能够直抒胸臆,写出自己的个性,同时也不能忽视后天的努力和学习,认为只有把"性灵"和"学识"相结合才能写出好的作品。因此他说:"诗文之作意用笔,如美人之发肤巧笑,先天也;诗文之征文用典,如美人之衣裳首饰,后天也。"同时,袁枚认为,文学也要不断进化,要能体现出时代特色。他并不反对在诗歌创作时讲究声律藻饰,而是要求形式上的雕琢要从属于内容,从属于表现性灵的目的。与主张"独抒性灵,不拘格套"的公安派相比,他的学说更有反道学、反传统的特点。

袁枚为人坦白率真,讨厌矫情,极重情义。他奉母至孝,母亲临终前,他跪在母亲床前痛哭失声,难以自抑,母亲用最后的力气帮他拭去眼泪才合眼去世。他重视亲情,非常珍爱自己的妹妹袁机,袁机死后,他伤心不已,写成其散文代表作《祭妹文》,至今读来仍令人鼻酸。他在《祭妹文》的结尾写道:"呜呼!身前既不可想,身后又不可知;哭汝既不闻汝言,奠汝又不见汝食。纸灰飞扬,朔风野大,阿兄归矣,犹屡屡回头望汝也。呜呼哀哉!呜呼哀哉!"哀婉之情溢于言表。除了对家人至情至性外,他对自己的

清代袁枚的书法作品

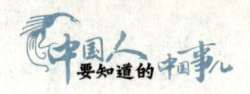

朋友也极为情深义重。他的好友沈凤司年纪轻轻就死了，没有后代来祭奠，袁枚就每年为他祭坟，一直到袁枚去世为止，一连坚持了三十多年。

文如其人，袁枚活跃诗坛四十余年，作诗四千余首，其诗歌主要表现个人生活际遇中的真实感受，追求直率自然、清新灵巧的艺术风格，基本上都体现了他所主张的性灵说，与赵翼、张问陶并称为乾嘉诗坛"性灵派三大家"。《随园诗话》及《补遗》、《续诗品》是袁枚诗论的主要著作。《随园诗话》除了阐述"性灵说"以外，也对历代诗人作品、诗歌流派演变和清代诗坛作了一些评价和论述。他说，主张创作要朦胧含蓄的神韵派是"贫贱骄人"，主张效法汉魏盛唐、强调诗歌格调的格调派是"木偶演戏"，以经术、学问为根底，把诗当作"考据"来写的肌理派是"开骨董店"，而提倡复古、推崇宋诗的宗宋派是"乞儿搬家"，生动形象地指出了各学派的特点和不足。《续诗品》则主要介绍了袁枚在诗歌创作中的一些写作方法和经验体会。他反对泥古不化，强调创新精神，在我国文学史上具有进步意义。

袁枚才华出众，诗文冠江南，与名士纪晓岚并称为"南袁北纪"，与赵翼、蒋士铨（quán）合称为"乾隆三大家"，清代经学家、文学家洪亮吉在《北江诗话》中评价他是："通天老狐，醉辄露尾"。

华人牧师梁发和他的《劝世良言》

鸦片战争前夕，西方列强在向中国输送鸦片的同时，也开始以宗教为工具从思想上侵略中国，他们向中国派出传教士，宣扬基督教，马礼逊就是西方殖民国家基督教会派来中国的第一个传教士。这个曾在臭名昭著的英国殖民机构东印度公司任职二十五年的殖民分子，一方面贩运物质鸦片毒害中国人民，一方面又贩运精神鸦片，积极宣扬基督教。在他的传教过程中，有一个中国人成为他的得力助手，这个中国人就是华人牧师梁发。

梁发之所以能在史册上留下一抹痕迹，不只是因为他是世界上的第一个华人牧师，还因为他创作了基督教（新教派）最早的中文布道书《劝世良言》。此书一半是对《圣经》部分章节的摘录，一半是结合中国的人情风俗来宣传基督教（新教派）的基本教义，"劝人勿贪世上之福，克己安贫，以求死后永享天堂之真福"，宣扬上帝是"独一真神"，教人要"安于天命"，"安贫守分"。此书的传播，对太平天国洪秀全创立拜上帝教具有直接推动作用，其影响甚至贯穿了整个太平天国运动的始终。

乾隆五十三年（1788年），梁发出生于广东，因家境贫寒，没读多少书，就在一家印刷厂做雕板印刷工挣钱谋生。他二十二岁时，一个高鼻深

梁发像

目的英国传教士偷偷找上了他，用重金请他帮忙刻录中译本《圣经》，这个传教士就是马礼逊。因为清朝对书籍印刷管制严格，私下印书绝对是一件违法的事，严重了说不定会掉脑袋。但是看在钱的分上，梁发还是决定铤而走险，接下了马礼逊的单子，并顺利完成了马礼逊交付的任务。马礼逊看他年轻胆大又精明世故，对他非常赏识，就将他吸收进了基督教会，使梁发成为世界上第一个华人牧师，从此直到梁发死亡，他的薪水一直由伦敦布道会所支付。

投靠了马礼逊之后，梁发开始为那些披着宗教外衣的殖民主义分子歌功颂德，说他们是"善人君子"，说他们的传教行为是"广发仁爱之心，爱人如己之盛德"，表现出一副十足的卖国汉奸的奴才相。与此同时，他开始积极协助马礼逊在中国宣传基督教，还亲自动手写了不少传教的小册子，但他从不用自己的真名发表，只以"学善者"或"学善居士"的名义发表言论，《劝世良言》就是其中之一。

《劝世良言》约十万字，它的"原罪"思想很深厚，宣扬人类始祖亚当、夏娃因偷吃禁果犯下罪行才有了人类的代代传承，而亚当、夏娃的罪责也由人类代代相传，所以人一生下来就是有罪的。因此它开篇就说："是以世上之人，一脱娘胎就有恶性之根，婴儿幼少壮老等人，其肉身血气之性，没有无恶性之情，因此世人受死之苦，总不能逃脱此难也。"承认原罪是基督教的出发点，为了帮助人们认识罪恶并减轻罪恶带来的压力，基督教还特别设有专门的忏悔仪式。

和其他宗教一样，基督教也鼓励人们安于现世，只追求来世的幸福。《劝世良言》狂热地鼓吹逆来顺受，以大量的篇幅为人世间的剥削制度辩护，宣扬一切剥削压迫和不平等都是上帝的安排，并再三要求人们虔诚地信仰上帝，强调"安贫守分"，要人们毫无怨言地服从上帝的旨意，忍受世间一切不平等。同时，它还宣扬放弃世间一切享乐，把过上幸福生活的希望寄托于来世和天堂，认为只有信仰上帝，才能使灵魂得到拯救，才能死后到天堂享福。在《劝世良言》中，《论世界之上并无实福》、《论信救世主福音真经圣道亦受许多艰难乃入神之国》等五篇短文都阐发了这一教义。

毫无疑问，基督教作为殖民主义、帝国主义所利用的侵略工具，其传播目的自然是为殖民主义、帝国主义的侵略行为服务。梁发在《劝世良言》

外国传教士在中国

中对殖民者的侵略作了辩护,他说:"在当时神天上帝,屡次降灾难警责我们各世代之人,或令别国攻胜我们本国之人,掳掠我们本国之人,往到别国为奴仆,我本国之人受苦压之际,悔改恶逆,转改回心归向祈求神天上帝之时,天父亦恤怜赦免我国人之罪,救我国人回本国,但我国人恶心偏向,到底终不能专心独事天父,或违逆,或改悔,遂致受了许多灾难,都是如此。"在此,他将帝国主义列强的侵略看作是"神天上帝"对中国人的"降灾难警责",是上帝给的惩罚,这种把侵略者看成救世主的思想,正反映了基督教传入时的殖民主义特点。

《劝世良言》刊印出版后,开始在广州慢慢传播开来。1843年,一位书生在连续多次考秀才失败后,一怒之下撕毁了所有的科考书籍,断然放弃了科举之路,并在大病四十多天后,从《劝世良言》中重新找到了振作的动力和未来的信仰。这个书生就是后来建立拜上帝教,领导农民起义并建立太平天国的洪秀全。洪秀全把《劝世良言》看作是上帝赐给他的一部天书,他借鉴和吸收了《劝世良言》中上帝是"独一真神"的思想,不仅把自己宣扬为上帝的儿子,还以上帝的名义去宣传,组织群众与现实社会的一切权威作斗争。这种斗争,既针对清朝的统治者,也针对社会正统思想的代表孔夫子。

《劝世良言》为了维护上帝的"独一真神"地位，对中国传统的儒释道三教作了不遗余力的抨击和批判，饱受科举落榜打击的洪秀全也对打击孔夫子一事尽心尽力。他公开地否定孔夫子的神圣地位，不仅毁坏孔庙、删改四书五经、焚烧儒家经典，还严禁买卖和收藏、阅读儒家作品，甚至严苛到"读者斩，收者斩，买者卖者一同斩"的程度。洪秀全虽然对孔夫子的打击十分猛烈，但事实上并没有对儒家思想中的谬误作出实质性的批判，相反，其政治经济思想和道德伦理观念中处处充斥着儒家思想中最本质的东西。

虽然洪秀全像《劝世良言》宣扬的那样把上帝尊为"独一真神"，接受了《劝世良言》中的一些思想，但他却对《劝世良言》的某些教义作了完全相反的解释。比如，《劝世良言》主张"天堂"、"天国"存在于来世，只有死后才能到达；而洪秀全宣扬的"天堂"、"天国"是存在于现实世界中的，认为靠兄弟姐妹"同心放胆同杀妖"就可以建立理想中的天国。再如，《劝世良言》主张戒杀，严厉反对不"安贫守分"的武装起义；而洪秀全却在自己编造的神话故事中加入了上帝赐宝剑的情节，并且说："杀妖杀有罪，不能免也。"

《劝世良言》作为第一本基督教中文布道书，是西方殖民主义文化与中国封建主义文化早期结合的产物，它的出版和发行对当时的中国社会产生了深远影响。

近代诗界革命

晚清时期，西方列强的大炮轰开了清朝闭关锁国的大门，中西方文化在神州大地上激烈碰撞与交融，社会思潮风起云涌，特别是甲午战争以后，中华民族面临亡国危机，在此背景下，维新派以诗歌为首先革新的对象，在"戊戌变法"前后，发起了轰轰烈烈的诗歌改良运动——"诗界革命"。

诗界革命的早期倡导者是夏曾佑、谭嗣同、梁启超三人，他们是近代中国最早意识到中国该有新的出路的人，一方面领导和参与了近代启蒙维新的政治运动，一方面大力推动了诗歌的诗体革新运动。他们对长期统治诗坛的拟古主义、形式主义提出强烈反对，主张诗歌要反映新的时代和新的思想，他们所作的新体诗，语言趋于通俗，不再受旧体格律的束缚，创造了新的诗歌风格。

夏曾佑（1863年—1924年），字穗卿，号碎佛，浙江杭州人，是中国近代著名诗人、学者、政论家和思想家。他青年时考中进士，被授予礼部主事一职。他和朋友谭嗣同等一起参与了"戊戌变法"，并且是其中的活跃人物，但幸运的是，他并没有和其他朋友一样因此罹（lí，遭受苦难或不幸）难，反而还一度受到朝廷重用。他学识渊博，思想深刻，曾与严复等在天津创办《国闻报》，宣传新学，鼓吹变法。变法失败后，又致力于中国古代历史的研究，他所编著的《中国古代史》是近代中国第一部用进化论来研究中国历史的著作，被严复称为"旷世之作"。1924年4月，时任北京图书馆馆长、年届六十一岁的夏曾佑在北京去世，梁启超赞其为"晚清思想革命的先驱"。

作为"诗界革命"的倡导者，夏曾佑于光绪二十二年（1896年）左右开始创作"新诗",杂用佛教、孔教、耶稣教三教的经典语和科学名词,尝试以旧体诗的形式表现"新学"的内容,虽然这只是一种尝试,却是一种积极的探索和努力。他的诗留存下来的有二百余首,其作诗手法不拘泥于唐规宋法,抒发了自己的真情实感。他早年的作品中处处渗透着他对危难时局的忧虑和哀伤,如他在《丙申三月将改官出都和青来前辈》一诗中说:"连天芳草送征轮,未免低徊去国身。八百馀年王会地,垂杨无语为谁春。"而在他后期的作品中,则弥漫着一种往事如烟、前途渺茫的消极情绪。

谭嗣同(1865年—1898年),字复生,号壮飞,又号华相众生、东海褰(qiān)冥氏、廖天一阁主等,湖南浏阳人,是中国近代著名的政治家、思想家,"戊戌变法"的领袖人物。他认为,中国要想富强,必须发展民族工商业,并学习西方资产阶级的政治制度。为了实现自己的政治理想,他于1898年发动了"戊戌变法",但变法运动很快失败,同年9月,于北京宣武门外的菜市口刑场英勇就义,年仅三十三岁。同时遇害的维新人士还有林旭、杨深秀、刘光第、杨锐、康广仁,六人被并称为"戊戌六君子"。

他与夏曾佑一样,都力图开辟诗歌语言的新源泉,用新体诗来表现资产阶级新思想。他的诗感情真挚,悲壮豪迈,境界恢宏,有许多佳作一直留传至今,后人将其著作编为《谭嗣同全集》。中日甲午战争后,中国战败,被迫与日本签订《马关条约》,将台湾割让给了日本。在台湾割让一周年的时候,谭嗣同感伤于国家危难,在其《有感》一诗中写道:"世间无物抵春愁,合向苍冥一哭休。四万万人齐下泪,天涯何处是神州!"忧国忧民的悲愤与哀思溢于言表。"戊戌变法"失败后,谭嗣同在行刑前于监狱墙壁上写了一首绝命诗:"望门投止思张俭,忍死须臾待杜根。我自横刀向天笑,去留肝胆两昆仑。"其不畏生死的浩然正气至今让人感怀不已。

第一次明确地提出"诗界革命"口号的是中国近代史上著名的政治活动家、启蒙思想家、教育家、史学家和文学家梁

谭嗣同

梁启超

启超。梁启超（1873年—1929年），字卓如，号任公，又号饮冰室主人，广东新会人，是中国近代维新派代表人物，二十六岁时和他的老师康有为一起发动"戊戌变法"，变法失败后逃亡日本。辛亥革命后，他返回中国，并参与了反对袁世凯的斗争。"五四运动"之后又潜心研究中西文化，在清华大学、南开大学等处讲学，是民国初期清华大学国学院四大教授之一，也是公认的中国历史上一位百科全书式的人物，堪称一代宗师。

在"戊戌变法"前，梁启超就明确提出了"诗界革命"的口号，在逃亡日本期间，也一直致力于文化宣传和推进文学改良。他在《新民丛报》、《新小说》等刊物上开辟专栏，发表维新人士的诗歌作品，并在《饮冰室诗话》、《夏威夷游记》中批判了以往那种在诗歌中用新名词来表达新意的做法，提出了"以旧风格含新意境"的诗歌理论。他的《爱国歌四章》、《志未酬》等作品感情真挚，语言通俗流畅，敢于用新思想、新知识入诗，是其诗歌理论的真实体现。在梁启超的大力推动下，诗界革命的声势和影响力达到一个新的高度。著名历史学家吴其昌评价说："文体的改革，是梁启超最伟大的功绩，杂以俚语的新文体（报章体），才使得国民阅读的程度一日千里。"

虽然最早提出诗界革命口号的是梁启超，但成为诗界革命旗帜的却是黄遵宪。黄遵宪（1848年—1905年），字公度，号人境庐主人，广东省梅州市人，是清末爱国诗人，杰出的外交家。他出身于官商结合的大家族，曾先后出使日本、美国、英国、新加坡等国，任外交官达十七年之久。1868年，年仅二十岁的黄遵宪提出了"我手写我心"的诗歌主张，反对拟古主义者对古人的一味模仿，这是诗界革命最早的呼声。他的诗以反对帝国主义入侵、保家卫国、变法图强为主题，反映了当时的社会现实，如《冯将军歌》、《悲平壤》、《哀旅顺》、《哭威海》、《台湾行》等诗作，对中法战争、庚子事

变、义和团运动、签订《辛丑条约》等重大历史事件作了描述。

近二十年的外交官生涯，使他很早就接触到海外世界以及伴随近代科学而涌现的诸多新事物，并明确树立起"中国必变从西法"的思想，在这一思想的指导下，黄遵宪开始了诗歌创作的新探索。他深感古典诗歌发展到今天已经到极致，再难为继，但他坚信"诗固无古今也"，在继承中国古典诗歌优秀传统的基础上，在诗歌的表现手法上作了很多突破和创新，形成了足以自立、独具特色的"新诗派"。他在诗作中以古典的格调容纳新事物，描绘新世界，日本的樱花、伦敦的大雾、巴黎的铁塔、轮船、火车、电报等，都在他的诗歌作品中有所体现。梁启超赞扬他"独辟境界，卓然自立于二十世纪诗界中"。

黄遵宪

"诗界革命"虽然有积极进步的一面，但因为其前期过于强调对佛教、孔教、耶稣教三教经典和新名词的采用，限制了诗歌的语言来源，后期又强调"以旧风格含新意境"，被旧风格束缚了手脚，所以只能是旧瓶装新酒，很快就失去生命力，衰落下去，最终销声匿迹。

王国维与《红楼梦评论》

1927年6月2日上午九点左右，一位五十一岁的学者迈着不紧不慢的步伐，走出清华大学的校门，用借来的五块钱雇了一辆黄包车直奔颐和园。入园后，他沿着长廊一路走至排云殿西面，来到昆明湖边的鱼藻轩。他站在轩内，望着幽幽的湖水，平静地吸完了人生中的最后一支烟，就向湖内纵身跳下。这位在其人生最辉煌之时自杀的学者就是一代国学大师王国维。

王国维（1877年—1927年），字伯隅、静安，号观堂、永观，是我国近代在文学、美学、史学、哲学、古文字学、考古学等方面都取得不凡成就的著名学术大家。他是浙江海宁人，出身于当地一个远近知名的书香世家，徐志摩、金庸等都和他是同乡。他自小勤奋好学，聪慧异常，十六岁就考中秀才，被誉为"海宁四才子"之一，但在后来的乡试中一直屡试不第，到了"戊戌变法"时，他看清朝气数将尽，就毅然放弃了科举的打算。

光绪二十四年（1898年），二十二岁的王国维到上海的进步报刊《时务报》做了一名书记校对。在谋生的同时，他还利用闲暇时间到东文学社学习外交与西方近代科学，并与东文学社的主持人罗振玉相识。罗振玉对王国维非常看重，二人后来还成了儿女亲家。在《时务报》因"戊戌变法"失败而关闭，王国维没了工作后，罗振玉将他招纳到东文学社，负责日常庶务，在不收学费的情况下让其在学社内半工半读，三年后

还资助他赴日留学。王国维出国一年就因病从日本归国，罗振玉又推荐他到南通师范学校、江苏师范学校任教，主讲哲学、心理学和伦理学，他从此开始埋头进行文学研究，踏上治学之路。

在《时务报》工作期间，王国维第一次接触到西方的哲学思想，对德国哲学家叔本华的悲观人生哲学产生浓厚兴趣，开始深入研究西方哲学。他虽然曾说过"哲学之说，大都可爱者不可信，可信者不可爱"之类的话，但这并没有影响他对叔本华、尼采、康德等西方哲学家的哲学思想进行深入的学习和吸收，并开创性地将西方哲学引入中国。从他早期的一些著作，如《叔本华之哲学及其教育学说》、《论哲学家与美术家之天职》、《论近年之学术界》、《孔子之美育主义》等可以看出，他在分析中国文化时，无不采取了哲学的视角。

辛亥革命后，王国维随罗振玉一起去日本，开始转而研究经史之学，专攻古文字学、古器物学、古史地学，尤其致力于甲骨文、金文、汉晋简牍和唐人写本的考释。他的《说商》、《殷周制度论》、《魏名经考》等，对中国历史中的许多疑难之处作了周密考证。他治史严谨，考证精湛，不囿于成见，被史学大师陈寅恪先生评价为"取地下之实物与纸上之遗文互相释证；取异族之故书与吾国之旧籍互相补正；取外来之观念与固有之材料互相参证"，开史学界一代新风。他在甲骨文研究方面，贡献卓著，与郭沫若、董作宾、罗振玉三人一起被合称为"甲骨四堂"（四人的字号中均带一个"堂"字），成为新兴学科甲骨文、敦煌学的奠基人之一。

1916年，王国维从日本返回上海，任仓圣明智大学教授，继续从事甲骨文、考古学研究。1922年，他被聘为北京大学导师，迁居北京。1924年，冯玉祥发动北京政变，清朝末代皇帝溥仪被驱逐出皇宫。一贯以清朝遗民自居的王国维将此视为奇耻大辱，气愤之下与罗振玉等前清遗老相约去投河殉清，后来被家人发现拦阻下来，才没有成功。1925年，王国维被清华大学聘任为研究院导师，与梁启超、陈寅恪、赵元任、李济合称为"五星聚奎"，深得师生敬重。1927年，正处在人生最高峰的王国维自沉于颐和园昆明湖，在自杀的前一天下午，他还参加了研究院毕业班的师生叙别会，当天上午也照常上班，和院秘书商谈了下学期招生等事，所以关于他寻死的原因至今众说纷纭，依然是个谜。

王国维的《红楼梦评论》发表于1904年，当时，他的治学兴趣转向哲学，先是读了两遍叔本华的《意志与表象之世界》，接着又钻研康德的哲学思想。但是他对未来的治学方向，究竟是专门研究哲学还是专门研究文学，还一直拿不定主意，总是觉得无论研究哪一个都有所欠缺。正是在这种情况下，他在《教育世界》上发表了《红楼梦评论》，以叔本华的西方哲学思想为理论基础，来系统探究和解释中国的古典名著《红楼梦》。王国维的《红楼梦评论》是中国文学研究史上第一部真正意义上的中西文学比较研究论文，在红学研究史上具有里程碑意义。

《红楼梦评论》用叔本华的悲观哲学诠释了《红楼梦》人物的悲剧命运，隐含了王国维对人生苦难的体验和对国家危亡的忧虑。《红楼梦评论》一共分为五章，在第一章"人生及美术之概观"中，王国维并没有直接评论《红楼梦》，而是泛论美学，首先探讨了"生活之本质"，认为生活的本质就是欲望，因为欲望多且难以满足，所以才产生痛苦，并明确指出，可以使人远离生活之欲的办法是文艺，第一次提出了美学纲领。在第二章"《红楼梦》之精神"中，王国维认为，《红楼梦》的主旨是为了说明生活中的痛苦都是"自造"，而要解脱这种痛苦也要靠"自己求之"，因此，在他看来，宝玉入尘世经受痛苦全是他的"一念

颐和园昆明湖

之误"。在第三章"《红楼梦》之美学上之价值"中，王国维按照叔本华的分类将悲剧的成因分为三种类型，一是奸诈小人的作祟，二是命运的捉弄，三是人物自身的位置和关系，他认为，第三种成因是造成《红楼梦》悲剧的主要原因，而《红楼梦》的美学价值就在于它是一个"悲剧中的悲剧"。在第四章"《红楼梦》之伦理学上之价值"中，王国维认为人类的生育和延续是一种错误，哲学家如柏拉图、叔本华等的理解和世界各大宗教一样，都以解脱为最高宗旨，因此《红楼梦》的伦理学价值就在于其"以解脱为理想"。在最后一章"余论"中，他提出了两个重大美学原则，一是指艺术作品中所写的，不是某一个人的性质，而是全体人类的性质，认为研究文艺者要了解文艺本身的特点，不能把小说中的某个人物和现实中的某一人物相混淆；二是指艺术作品的内容主要是出于先天，认为最好的艺术作品是出于自然、高于自然。

作为中国近代著名的国学大师，王国维从事文史哲学的研究数十载，既集中国古典美学和文学理论之大成，又开中国现代美学和文学理论之先河，是中国美学和文学思想由古代向现代过渡的桥梁，被誉为"中国近三百年来学术的结束者"，最近八十年来学术的开创人，就连一向很少称赞人的鲁迅先生也对其国学成就赞誉有加。

鸳鸯蝴蝶派的兴衰

二十世纪初,在"十里洋场"的大上海,出现了一个热衷于言情小说创作的新的文学流派,这一流派由清末民初的言情小说发展而来,因为总写才子佳人"相悦相恋,分拆不开,柳荫花下,象一对蝴蝶,一双鸳鸯",而被命名为鸳鸯蝴蝶派。

晚清时期,小说创作出现繁荣景象,一大批以小说创作为职业的作家开始涌现。对晚清时期那些从小苦读的知识分子来说,传统的"学而优则仕"的人生路已经走不通了,出于谋生的需要,一些传统文人开始将眼光投向了上海等大都市中广大市民对"消闲"、"娱乐"文化的需求,在广阔的市场空间和广泛的读者群的推动下,开始依靠报刊杂志等撰写小说,通过赚取稿费以谋生计,向现代职业作家转变。

当时,印刷业飞速发展,出版报刊没有以前那么困难,众多的报刊杂志纷纷如雨后春笋般涌现出来,1906年时,仅在中国最大的通商口岸——上海一地,就有报刊66家之多,占当时全国报刊总数的四分之一左右。梁启超创办的《新小说》,李嘉宝主编的《绣像小说》,吴沃尧、周桂笙主办的《月月小说》和吴摩西编辑的《小说林》是当时极受欢迎的四大文学刊物。

鸳鸯蝴蝶派的小说广受大众读者欢迎,曾是新文化运动前文学界最流行的通俗读物之一,并因此成为当时中国影视制作的首选目标。1921年到1931年的十年间,以"明星"公司为代表的中国电影人开始从流行文学中寻找题材,全国各影片公司共拍摄了约650部故事片,其中绝大多数都是鸳鸯蝴蝶派文人参与制作的,有些鸳鸯蝴蝶派代表作家还直接担任影片制作公司的编剧。在电影的推动下,鸳鸯蝴蝶派的小说作品成为当时流行文化的主体，在社会上产生了非常广泛的影响。

　　这一流派的作者群最多时有两百余人，多集中在上海、天津、北京等几个文化出版事业比较繁荣的大城市。这些人的创作题材非常广泛，除了才子佳人恋爱小说外，侠骨豪情的武侠小说、扑朔迷离的侦探小说等也都是他们的拿手题材。鸳鸯蝴蝶派的小说作品趣味性、娱乐性强，曾一度轰动文坛，其中最杰出的代表作家徐忱亚、包天笑、周瘦鹃、李涵秋、张恨水等五人被合称为鸳鸯蝴蝶派"五虎将"，《玉梨魂》、《广陵潮》、《江湖奇侠传》和《啼笑因缘》四部最受欢迎的小说作品也被赞为鸳鸯蝴蝶派的"四大说部"。

民国时期《啼笑因缘》的老电影剧照

　　"四大说部"之一的《玉梨魂》是"五虎将"之一徐忱亚的代表作，是一部十分典型的爱情小说。故事的男主角叫何梦霞，是一位教书先生，女主角是一个美貌寡妇，叫白梨影，她的儿子鹏郎是何梦霞的学生。一次偶然的机会何梦霞与白梨影相遇，两人相互钟情。因为受封建礼教的束缚，寡妇再嫁在当时是一件大逆不道的事情，因此二人虽然相爱却只能苦苦压抑，只能通过书信暗诉衷肠。在日日相思忧愁的折磨下，何梦霞日渐憔悴，为了让何梦霞幸福，白梨影忍痛将自己的小姑筠倩许配给了何梦霞，但是何梦霞婚后仍对白梨影不能忘情，天天沉浸在求而不得的痛苦中，对自己的妻子也十分冷淡。了解到实情的筠倩郁郁寡欢，没多久就死去，自责不已的白梨影也在一场疫病中去世。在一连串的打击下，何梦霞忍痛远走他乡，到日本学习军事，后回国参与革命，在一场战争厮杀中阵亡。

　　徐忱亚作为民国初期鸳鸯蝴蝶派的代表作家，被当时的世人称作哀情巨子，其代表作品《玉梨魂》曾创下再版三十二次，销量数十万册的惊人纪录。《玉梨魂》最早是在上海的一份报纸上连载，每天一段，没多久就使报

民国时期的广告画

纸的销量直线上升,还没连载完,就在上海市民中引起轰动,特别是大量的女性读者,对其尤其喜爱。《玉梨魂》出版后,不仅迅速红透半边天,还一度红到东南亚;不仅被拍成电影,还被改编成话剧,就连鲁迅先生的母亲都十分爱看这本小说。徐枕亚也凭着这部《玉梨魂》迅速走红,很快就拥有了一大批铁杆粉丝。据说,清朝末代状元刘春霖的女儿就因为喜爱徐枕亚的小说,而对他钦慕不已,还曾亲自从北京寻到上海,口口声声要嫁给徐枕亚,跟现在的追星族有得一拼。

与纯爱情小说《玉梨魂》相比,"四大说部"之一的长篇章回小说《啼笑因缘》则在描写爱情的同时,融入了武侠等其他因素,全书情节曲折复杂,结构布局完整严谨,将中国传统的章回体小说与西洋小说的写作技法整合在一起,是小说创作艺术的一次新突破。故事的主人公是北京青年学子樊家树,他在天桥游玩时认识了街头卖艺的武师关寿峰、关秀姑父女,关秀姑暗恋他。后来,樊家树偶遇天桥唱大鼓的美貌女艺人沈凤喜,二人一见倾心,相互爱慕。虽然樊家树已有意中人,但其表嫂爱慕富贵,一直撮合他和财政部长的千金何丽娜。虽然何丽娜一直对家树示好,但家树始终专情如一。后来军阀刘将军也看上了凤喜的美貌,并通过威逼利诱的手段霸占凤喜为妾。家树与凤喜的一次相会被刘将军得知,凤喜被拷打逼疯。关秀姑仗义出手,设计暗杀了刘将军。何丽娜向樊家树表白被拒后,伤心离去。关寿峰救出被绑架的家树后,也和女儿一起辞谢而去。

《啼笑因缘》的作者是"五虎将"之一的张恨水,他是一位高产作家,在五十多年的创作生涯中共创作了一百多部通俗小说,其中绝大多数是中、长篇章回小说,因此,张恨水又被尊称为现代文学史上的"章回小

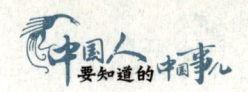

说大家"和"通俗小说大师"第一人。《啼笑因缘》刚刚发表没几天，各大电影公司就找上了他，抢着要将《啼笑因缘》拍成电影，成为当时一大新闻。后来，《啼笑因缘》还被改编成多个版本的戏剧和曲艺，一些痴迷者更是纷纷拿起手中笔来续写《啼笑因缘》的故事，在民国的众多小说中，《啼笑因缘》成为续书最多的一部。《啼笑因缘》将张恨水的声望推到了最高峰，达到了家喻户晓的地步，即使没看过小说的人也都知道张恨水这个作家，就像现代那些没看过武侠小说的人也都知道金庸、古龙一样。

鸳鸯蝴蝶派的小说虽然主要描写花前月下、才子佳人的爱情问题，但也或多或少地反映了男女不平等、贫富不均匀、家庭专制、军阀残暴等社会现实，具有一定的进步意义。但是在新文化阵营来看，鸳鸯蝴蝶派标榜趣味主义，离不开儿女情长，是阻碍人民觉醒的麻醉药，因此一直对其大加批判。受新文学运动的冲击，鸳鸯蝴蝶派曾一度一蹶不振，到十九世纪二十年代后又忽然兴起，但好景不长，到三四十年代时，随着民族危机的加深，该派迅速衰落，新中国成立后，失去社会基础的鸳鸯蝴蝶派消失了。

胡适倡导文学改良

胡适（1891年—1962年），原名嗣穈（mén），学名洪骍（xīng），字希疆，后改名胡适，字适之，笔名天风、藏晖等，是我国现代著名学者、诗人、历史学家、文学家和哲学家，因积极提倡"文学改良"，成为新文化运动的领袖之一。他反对封建主义，宣传个性自由，提倡民主和科学，于1917年发表《文学改良刍议》，这是他倡导文学革命的第一篇文章。

胡适这个名字，是胡适长大后根据达尔文学说中"物竞天择，适者生存"的典故自己改的。他出生在安徽绩溪一个世代经商的家庭里，父亲胡传是一位清末贡生，曾官至台东直隶知州。在他两三岁的时候，胡传就开始教他识字，教他背诵《三字经》、《千字文》，等他稍微大点，又将他送入私塾接受系统教育。在胡适不满五岁时，胡传因病去世，胡家也慢慢衰落。

父亲去世后，胡适在母亲冯顺弟的抚养和教育下长大。冯顺弟是一位非常坚强和明理的女子，她虽然从二十三岁就开始守寡，一守就守了二十三年，但她像自己的丈夫一样，对孩子的教育一直没有放松，胡适曾回忆说母亲是"慈母兼严父"。出于对母亲的敬重，长大后积极主张个性自由的胡适，在当时自由恋爱风气盛行时，依然在母亲的包办下，娶了江冬秀为妻，并一直和她走到了最后。对此，胡适在后来的

日记中说："假如我那时忍心毁约，使这几个人终身痛苦，我良心上的责备，必然比什么痛苦都难受。"出于对女子的尊重，他后来还曾总结了一个男人的"三从四德"，即"太太外出要跟从，太太的话要听从，太太讲错要盲从；太太化妆要等得，太太发怒要忍得，太太生日要记得，太太花钱要舍得。"

十三岁时，胡适到上海的新式学校求学，在那儿接受了《天演论》等新思想。两年后，胡适以优异成绩考入清末革命党人创办的中国公学，中国公学是中国最早的一批大学之一。四年后，又考取"庚子赔款"第二期官费生，至美国康乃尔大学留学。当时，官费留学生的考试十分严格，全国只招收两百名，既要考文章水平，又要考政治、历史、地理、物理、化学等科目。在这次考试中，胡适的文章得了一百分，其他科目考试也是名列前茅。几年后，胡适考入哥伦比亚大学研究院，开始师从哲学家约翰·杜威，接受了赫胥黎的怀疑主义思想和杜威的实用主义哲学，并一生牢记，衷心信服。

1917年夏，二十六岁的胡适结束学业回国前夕，针对国内文学远离生活、充满陈词滥调的问题，将自己的八项文学主张撰写成《文学改良刍议》，寄给了陈独秀主编的《新青年》，被发表在《新青年》1917年1月1日出版的第2卷第5期上。陈独秀赞扬胡适的观点是"今日中国之雷音"，除了第一时间在《新青年》上刊登外，还在《新青年》的下一期上刊出了自己写的《文学革命论》，来声援胡适的文学改良理论。回国后，胡适任北京大学教授，同时加入了《新青年》编辑部，不断撰文提倡文学改良和白话文学，成为当时新文化运动的重要人物。

在《文学改良刍议》中，胡适提出了著名的八大主张，分别从文章的思想内容和结构形式两个方面对文学创作提出了明确要求：一是要言之有物，二是要不模仿古人，三是要讲求文法，四是不作无病之呻吟，五是务去滥调套语，六是不用典，七是不讲对仗，八是不避俗字俗语。在这篇文章中，他用进化论的观点来研究中国新文学，为中国文学的研究提供了新的方法，开辟了新的视野。

陈独秀

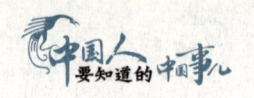

在思想内容方面，胡适提出了"言之有物"、"不模仿古人"、"不作无病之呻吟"的主张。胡适认为，"吾国近世文学之大病，在于言之无物"，他说所谓的"物"，一是指"情感"，二是指"思想"，如果文学没有了情感和思想，就像没有灵魂的木头美人，虽然表面看上去光鲜靓丽，但事实上却没有什么价值。他还明确指出，"文学者，随时代而变迁者也"，认为一个时代有一个时代的文学，当代人不应该盲目地模仿古人，而应该适应"今日之中国"的需要，努力创造"今日之文学"。同时，他反对文学中的无病呻吟，对那些不思进取，只会发牢骚的消极青年进行了严厉批评，教育他们在国家危难之时，不要灰心丧气、颓废失意，而应像贾生、王粲、屈原那样奋发有为。

在结构形式方面，胡适提出了"讲求文法"、"务去滥调套语"、"不用典"、"不讲对仗"、"不避俗字俗语"的观点。他认为"今日作文作诗者"首先要讲究文法，其次要去掉那些滥调套语，主张自己"铸词"来描述自己的亲见亲闻和亲身所感。在论述"不用典"的主张时，胡适将"典"分为广义和狭义两种，他说古人的譬（pì）喻、成语、引史事、引古人作比、引古人之语等五种广义之典可用可不用，而那些不能自己铸词造句，只能借用那些或部分贴切或全不贴切的故事陈言来作诗作文的狭义之典，则坚决不可用，并列举了五种用典拙劣的例子。在论述"不讲对仗"的主张时，胡适指出，文学改良应当"先立乎其大者"，不应在对仗、排偶等"微细纤巧之末"上枉废精力。同时，胡适认为，与其用三千年前之死字，不如用二十世纪之活字，当代作文作诗的人应该采用俗语俗字，主张白话文学。

胡适和陈独秀倡导的文学革命，为后来的文学特别是白话小说的繁荣奠定了坚实基础。他最早尝试创作白话新诗，他的白话诗集《尝试集》是中国现代文学史上的第一本新诗集。虽然胡适的文学改良理论为开展文学革命和创建新文学起到重要的开拓作用，但由于其主张大多是对文学形式的改良，其妥协性也曾招人诟病。

五四运动后，胡适曾担任过中国公学校长、国民党"国防参议会"参议员、中国驻美大使、北京大学校长等职。新中国成立前，胡适寄居美国，后去往台湾。1962年2月24日，胡适在台湾的一个酒会上突发心脏病去世，享年七十一岁。